Le management totalitaire

Violaine des Courières

Le management totalitaire

Albin Michel

À Romain,
à Sixtine, Gaspard et Quitterie.

« Le but de l'éducation totalitaire n'a jamais été d'inculquer des convictions, mais de détruire la faculté d'en former aucune. »

Hannah Arendt,
Les Origines du totalitarisme, 1951

Avertissement

La plupart des témoins sont cités nommément dans cet ouvrage, ainsi que les entreprises dans lesquelles ils travaillent. Mais certains salariés ont demandé l'anonymat par crainte d'être identifiés et de ne pouvoir postuler à l'avenir un emploi dans une structure du même secteur.

Introduction

Je fais partie d'une génération qui a connu la crise financière, celle des *subprimes* de 2007. Je me souviens de la fondatrice et présidente de l'agence de publicité BETC, Mercedes Erra[1], qui, durant mon master de marketing et communication à Assas, nous racontait comment elle avait construit le plan marketing des yaourts de Danone. L'écouter nous persuadait qu'avec un peu d'intelligence, de la créativité – et surtout un beau diplôme –, nous étions promis à un brillant avenir.

Dix ans plus tard, le ciel s'est assombri. Un de mes proches a fait une dépression après un harcèlement moral. Quant à moi, j'ai été renvoyée violemment par mon employeur au retour d'un congé maternité. L'agence de communication dans laquelle je travaillais venait de fusionner avec une autre et la direction avait décidé de réduire les effectifs. Le consultant en ressources humaines, qui s'était occupé de mon éviction, a fini par m'avouer que j'avais été mise sur la liste sans règle, ni logique.

À la même époque, nombre de mes amis qui travaillaient dans le marketing, les ressources humaines et la finance ont quitté leur société de façon brutale et douloureuse.

Certains ont été renvoyés : leur profil ne correspondait plus aux évolutions de leur poste. D'autres ont accepté une rupture conventionnelle à la suite de pressions multiples de leur chef. Les années passant, beaucoup se sont reconvertis. Ils sont devenus ébéniste, enseignant en milieu rural mais aussi mère au foyer assumée ou encore entrepreneur. Maintenant que nous sommes en 2023, je compte sur les doigts d'une main mes connaissances qui surnagent encore dans le milieu des groupes classiques.

Il y a dix ans, lorsque cette vague de départs a débuté, j'ai cru que tout cela était dû au hasard. Je me suis dit que je devais évoluer dans un milieu de personnes non adaptées au monde du business. Que j'étais amie avec des littéraires comme moi, dont les profils correspondent peu aux standards actuels. J'ai ensuite pensé que tout ce monde-là avait été mal orienté, qu'ils avaient tous été mis dans des écoles de commerce, alors qu'en réalité ils étaient faits pour d'autres voies. « Ne suis-je pas et ne sommes-nous pas tous devenus inaptes à la vie en entreprise ? » Cette question tournait dans ma tête.

Mais, peu à peu, je me suis rendu compte que certaines de ces structures avaient changé et qu'elles n'étaient plus désireuses d'accueillir leurs « collaborateurs » comme elles disent, et encore moins de les écouter. N'était-ce pas paradoxal, sachant qu'elles ne cessent de scander, tel un slogan, qu'elles mettent « l'Homme au centre » ?

Pour comprendre les racines de cette dérive, j'ai rencontré des directeurs des ressources humaines et des responsables de services informatiques. Je suis allée voir des P-DG et d'anciens patrons de groupes cotés au CAC 40. J'ai parlé avec des membres de conseils d'administration. Je leur ai posé la question d'un « totalitarisme d'entreprise ». Je pensais qu'ils allaient s'offusquer ou me rire au nez. Certains ont récusé cette approche jugée fausse ou simplement *« excessive »* mais, à ma grande surprise, la plupart ont acquiescé. Beaucoup m'ont tenu des propos lapidaires sur l'influence du capitalisme anglo-saxon, dont découle la dictature de la finance. Ils ont identifié ces maux comme l'origine des dysfonctionnements managériaux. Ils se sont inquiétés de l'effritement d'une culture capitaliste sociale qui, jusqu'à présent, faisait l'honneur de grandes sociétés du CAC 40.

De fait, aujourd'hui, la course à la rentabilité prend un nouveau visage : celui du mythe du salarié performant sur le plan physique, psychique, cognitif, émotionnel et social. Ce mythe est véhiculé au sein de nos groupes par des investisseurs anglo-saxons, des théoriciens de l'université de Harvard – la célèbre école privée de Cambridge, dans le Massachusetts, aux États-Unis – et par de multiples consultants de grands cabinets de conseil américains. Dans un monde où le secteur tertiaire s'étend au détriment du secteur industriel, ce modèle impose de ne plus évaluer le salarié selon son savoir-faire, ses compétences et ses actes, mais selon son comportement et ses particularités cognitives. En agissant ainsi, l'employeur se dote d'un tampon éthique, car il communique sur ses actions en faveur du bien-être de ses salariés. Il bénéficie également d'une bonne cote sur le plan des critères extrafinanciers sur les marchés – critères qui évaluent les performances sociales et environnementales de l'entreprise (ce qu'on appelle la RSE).

Sur le terrain, cette évolution donne les pleins pouvoirs à l'employeur. Ce dernier s'arroge tous les statuts.

Il se fait tour à tour coach, meilleur ami ou psychologue du salarié. Mais lorsque les objectifs de ce dernier ne sont pas atteints ou que la logique comptable impose de réduire les effectifs, ce même employeur se transforme en bourreau. La course à la performance se traduit par une implacable sélection entre les forts et les faibles, entre les charismatiques et les timides, entre les empathiques et les asociaux.

Dans *Eichmann à Jérusalem : rapport sur la banalité du mal*[2], la philosophe Hannah Arendt pointe l'absence de pensée propre chez le nazi Eichmann et son rôle d'exécutant. Après avoir assisté à son procès – en décembre 1961 –, elle écrivait : *« Eichmann est un homme qui a oublié de penser. »* À force de se soumettre avec loyauté à la politique du Reich, plutôt qu'à sa propre conscience, Adolf Eichmann était devenu un simple rouage d'un système de déresponsabilisation aveugle[3].

La comparaison peut choquer : elle n'a pourtant pour ambition que de décrypter l'essence du totalitarisme : un système qui repose sur l'adhésion sans faille des individus aux idéologies. Parmi les cadres de nos entreprises, certains confondent leur éthique personnelle avec celle de leur employeur. Les évaluations comportementales, les méthodes de management psychologisantes et l'infantilisation des personnes réduisent le libre arbitre des employés. Au point de ne plus savoir penser par eux-mêmes. Au point d'accepter d'être des exécutants au service d'une institution qui pourrait les évincer à leur tour, au moindre faux pas. Un phénomène accentué par l'actuelle tyrannie du court terme.

Réduit à un ensemble d'indicateurs de performances

psychiques, sociales, émotionnelles, le salarié s'épuise à tenter de s'adapter aux lois du marché. Tout ceci, évidemment, au nom de la vertu, du développement personnel, de l'environnement, de la santé. Du côté des salariés, ces évolutions engendrent des frustrations croissantes. Certains sombrent dans la dépression à la suite de pressions subies, d'autres développent une allergie au monde de l'entreprise après une expérience malheureuse. Parmi les déserteurs du monde du business, la plupart sont prêts à tout pour acquérir une « liberté », en développant des modes de travail alternatifs, quitte à jongler avec les aides. D'autres se reconvertissent dans des métiers moins lucratifs. À ce rythme, dans dix ans, les groupes régentés selon les principes anglo-saxons trouveront-ils toujours des candidats pour répondre à leurs offres d'emploi ? S'ils ne remettent pas en question ce système impitoyable, s'ils ne renouent pas avec le capitalisme social qui fixait encore les règles il y a quarante ans, certains courent à leur perte. Seul un sursaut, une prise de conscience, peuvent permettre de redresser la barre.

Dans ce monde qui va si vite, l'enjeu est de taille.

I

IDÉOLOGIES

1

La tyrannie du court terme

Quels changements les entreprises ont-elles subis en l'espace de trente ans ? Comment sont-elles, pour beaucoup, devenues des structures financières alliant course à la performance et communication éthique trompeuse ? Pour obtenir quelques réponses à cette question, nous sonnons à la porte d'un immeuble de Nanterre sous une pluie diluvienne le 6 octobre 2020 à 10 heures.

Quelques minutes plus tard, nous voici dans le salon de Jean-Louis Osvath, inspecteur du travail à la retraite[1]. Fort de ses vingt ans d'expérience, il a beaucoup à dire sur l'évolution des sociétés de son secteur. L'homme fouille dans ses archives. Tandis que sa bouilloire siffle, il ouvre sa bible : le Code du travail. Sous l'arche de la Défense, durant deux décennies, il a vu le monde du travail embarqué dans une course folle. *« Ce qui m'a le plus frappé cette année, c'est le changement permanent d'organisation. Le changement est devenu une stratégie. Les cycles se raccourcissent »*, soupire-t-il, tout en préparant un thé.

Et la violence s'est intensifiée sur son bureau, les dossiers de harcèlement moral, de suicide, se sont amoncelés.

Lui, avait été formé pour surveiller la bonne application des règles de sécurité et prévenir les accidents du travail. Mais on ne lui avait pas appris à gérer cette déferlante de violence psychologique, de coups bas, de destruction psychique de cadres syndiqués, de salariés mis à la porte arbitrairement. Souvent, il en a discuté avec ses confrères et ses consœurs. Et avec son successeur. Il s'interrogeait fréquemment : *« Qui est responsable de quoi ? »* Cet homme au regard doux et aux cheveux blancs tient à conserver ses secrets, il s'y était engagé au début de sa carrière professionnelle. Il ne donnera pas de noms. Mais sa vision d'ensemble nous éclaire sur ce dysfonctionnement de la responsabilité. Dans les multinationales, plus personne ne sait qui est responsable de quoi. Ces structures sont en mouvement permanent. Elles subissent de multiples réorganisations et acquisitions. Les chiffres sont édifiants : entre 1985 et 2017, le nombre de fusions-acquisitions a été multiplié par 18. En l'espace de trente ans, l'entreprise est devenue un produit financier. À chaque opération financière d'envergure, la direction générale change et, souvent, la stratégie change aussi. Cette fuite en avant se traduit également par un dérèglement majeur[2]. Chaque année, la part des dividendes versés augmente et ce, de façon parfois déconnectée des bénéfices. En 2018, les sommes versées par les multinationales du CAC 40 sur le compte de leurs investisseurs avaient augmenté de 15 % par rapport à 2017, alors que les bénéfices s'étaient contractés. Le CAC 40 avait versé près de 72 % des profits. Dans le même temps, les dépenses en faveur des employés baissaient de 1,15 %.

À ces changements, il faut ajouter la complexification

des liens salariés-managers. Dans beaucoup de sociétés se superposent une hiérarchie par entité et une autre par région. Et, pour ne rien arranger, certains hauts dirigeants n'ont plus le temps de connaître leurs équipes. Ils n'ont plus le temps de s'intéresser aux hommes et femmes qui les composent. Ils ont pour mission de se concentrer sur les objectifs financiers. Entre ces changements multiples et ces superpositions d'organigrammes, ils ne savent plus où ils en sont. Une forme de myopie généralisée les atteint, parfois jusqu'à la cécité. Ces patrons perdent la vision d'ensemble de leur entreprise. Ils ne savent plus comment leur stratégie est appliquée sur le terrain et quelles sont les conséquences humaines des décisions comptables. La chaîne de coresponsabilité devient un ensemble de tâches hyperfragmentées entre celui qui commande, celui qui exécute, celui qui participe et celui qui subit.

Tous ceux que nous avons interrogés reconnaissent une dérive. À la tête des structures, les P-DG évoquent plus largement la dimension « dictatoriale » de la finance. Sur le terrain, leurs subordonnés ont une vision plus claire des conséquences humaines. Comme les soignants qui, dans les Ehpad, voient de leurs yeux les maltraitances subies par les personnes âgées à la suite des politiques comptables, les employés, eux, perçoivent les syndromes d'épuisement physique et psychique de leurs collègues, ainsi qu'une désillusion qui entraîne un désintérêt pour le monde du travail.

Inconscients des impacts de leur gestion par les chiffres, des administrateurs, des dirigeants dérivent progressivement, jusqu'à ne considérer les hommes que comme des amas d'indicateurs et de données. En oubliant de penser, de réfléchir aux conséquences de leurs actes, ces derniers en viennent à orchestrer des désastres sociaux. Cette réduction des personnes à de simples chiffres relève d'un processus de déshumanisation, qui a quelque chose de « totalitaire ». Les perdants sont les plus vulnérables, les « maillons faibles ».

De mai à juillet 2019, au procès de France Télécom, cette question de la responsabilité n'a cessé d'être posée, comme une éternelle rengaine. Qui doit répondre du harcèlement moral institutionnalisé qui avait sévi dans la structure ? Entre 2007 et 2010, 39 salariés du groupe ont été victimes de harcèlement – 19 se sont suicidés. Le procès a mis au jour le fossé qui s'est creusé entre les gestionnaires et les opérationnels. Force est de constater que ce système est à l'œuvre dans beaucoup d'entreprises. Plus dilué, moins extrême que chez France Télécom, il n'aboutit pas au même désastre social, mais il expose les collaborateurs à toutes sortes d'épuisements.

2

Ainsi parlent les grands patrons

Comment les patrons perçoivent-ils ces évolutions ? Le discours des ex-P-DG et des dirigeants encore en exercice que nous avons rencontrés étonne. Henri Lachmann en est un précieux témoin[1]. L'ancien président-directeur général de Schneider Electric – leader mondial de l'énergie –, en poste de 1999 à 2005, nous accueille le temps d'un café dans son grand appartement parisien, à quelques rues de la place de Clichy. À quatre-vingt-un ans, le capitaine d'industrie est en retrait de la vie économique. Il a quitté le conseil de surveillance[2] de Vivendi – multinationale française spécialisée dans la culture et le divertissement. Depuis 2017, il ne participe plus à celui de Schneider Electric. Il n'a plus non plus de lien avec le think-tank Institut Montaigne – un organe de réflexion positionné à droite – dont il fut un temps vice-président et trésorier. Sa parole est maintenant libre. Et elle est même un peu acide : *« Beaucoup d'investisseurs, aujourd'hui, ne méritent pas la dénomination d'"actionnaires". Ce sont des terroristes et des spéculateurs. Ils se fichent des entreprises dans lesquelles ils investissent »*, débute-t-il d'un ton posé. Les *« terroristes »* dont parle l'ancien patron ont un nom.

Par exemple *« ce sont les salariés du fonds d'investissement anglo-saxon BlackRock »* – un des investisseurs de Schneider Electric. Entre autres.

Sous pression

Il les désigne, eux et les agences de conseil en vote (*proxy advisers*) – ces structures conseillent les investisseurs –, comme responsables en partie de *« la dérive totalitaire, dont une des racines est cette financiarisation excessive »*. Cela l'inquiète. Jean-Pascal Tricoire, l'actuel dirigeant de Schneider Electric, est malmené par ses conseillers en vote[3] qui l'ont contraint à indexer la variable de son salaire sur le cours de l'action. *« Pourtant, lui s'y est toujours opposé. Et jusqu'ici, ce principe faisait la fierté de Schneider Electric »*, s'énerve Henri Lachmann – contactée, l'actuelle direction du groupe n'a pas souhaité commenter ces propos. Dans une étude publiée en avril 2021, l'ONG Oxfam[4] révèle que les rémunérations des P-DG du CAC 40 dépendent à 67 % d'objectifs financiers de court terme[5]. Cette indexation d'une partie de leur salaire sur le cours de la Bourse pourrait générer une pression sur ces patrons et les enjoindre de prendre des décisions hâtives ou inappropriées.

Confortablement assis dans son salon, dont les murs sont tapissés d'œuvres d'art contemporaines, Henri Lachmann se saisit de la lettre annuelle de Larry Fink, le président de BlackRock, envoyée aux P-DG et s'indigne de son

« *hypocrisie* ». « *À chaque fois, il fait des discours vertueux sur l'environnement et l'impact social des sociétés, alors qu'il ne recherche que la performance financière* », tacle-t-il, avant d'ajouter : « *Depuis une dizaine d'années, les discours les plus vertueux sont prononcés par ceux qui, en réalité, sont les pires. Force est de constater que dans les entreprises, le poisson pourrit par la tête*[6]. » En France, en 2018, BlackRock était le deuxième actionnaire, après l'État français, à obtenir le plus de bénéfices de la part du CAC 40, avec 1,65 milliard de dollars de recettes cette année-là[7].

Henri Lachmann ne supporte plus cette arrogance, qu'il perçoit également chez certains dirigeants. Au moment où il nous parle, Emmanuel Faber est encore en poste chez Danone et son plan social n'est pas encore annoncé. « *Chez lui, il y a l'hémisphère droit et l'hémisphère gauche. Les deux ne se connectent pas* », confie Henri Lachmann pour illustrer les deux faces du personnage – la première, financière et la seconde, sociale. « *La responsabilité du dirigeant est de ne pas se laisser terroriser* », martèle-t-il encore en haussant le ton. Et de se livrer à un examen de conscience : « *Dans le feu de l'action, je n'ai pas toujours eu de recul. Avec la pression des résultats à court-terme, j'ai pu commettre des erreurs. Les exigences des investisseurs m'ont parfois rendu myope.* »

Des patrons actuellement en poste, qui ont de la « bouteille », s'inquiètent eux aussi de ce resserrement de l'étau sur leur gouvernance. « *Parmi les actionnaires, il y a des fonds qui pourraient te dégager s'ils ont le choix. Tous les matins, ces gens sont sur ton dos et te demandent où tu en es sur ton plan d'action. Ils posent des questions sur les moindres détails. Ils embauchent des jeunes qui viennent visiter ton entreprise pour faire pression sur ta manière de recruter. Si le fonds est sympa, cela se passe bien. Mais il y en a qui t'imposent des recrutements. Tu peux te retrouver obligé d'embaucher un nouveau directeur général contre ton gré »*, confie l'un d'entre eux, dont la société est cotée au CAC 40 et dont l'un des actionnaires est un fonds d'investissement anglo-saxon. Ce dirigeant poursuit : *« Il faut communiquer souvent auprès de ses investisseurs. On est obligé d'être court-terme. Tu ne peux pas faire une pause d'un an pour faire un grand investissement. Et si ton cours baisse, tu ne peux pas t'en désintéresser. »*

Sur un siège éjectable

En évoluant au sein des cercles fermés des conseils d'administration, beaucoup de patrons sont plus que jamais influencés par la vision exclusivement financière de l'entreprise. Pris en étau entre les différentes parties prenantes, ils naviguent à vue. Qui va les trahir ? Qui va leur mettre un coup d'épée dans le dos ? *« Plus on monte dans la hiérarchie, plus on est entouré de personnes qui mentent »*, observe, acide, le professeur et consultant Manfred Kets de Vries, personnalité incontournable du monde des affaires, dans les pages du *Figaro*, en mars 2021[8]. Ainsi, le règne de la peur ne serait pas le seul apanage des *open spaces* ? Les têtes ne tomberaient pas que chez les opérationnels ? Une ex-cadre dirigeante d'un groupe d'ingénierie l'atteste, amère : *« Notre président, les membres du directoire, le secrétaire général, tous des "bons", ont été virés du jour au lendemain. Les administrateurs qui gouvernaient notre groupe n'avaient pas plus d'empathie pour leurs pairs que pour leurs salariés.* » Et de poursuivre : « *Mon président vivait dans la terreur qu'un mauvais dossier sorte*[9]. »

La crise sanitaire a accéléré le jeu des chaises musicales à la tête des grands groupes. Entre février 2019 et août 2020, 73 dirigeants de 500 entreprises cotées ont quitté leur fonction. Certains ont craqué sous la pression. D'autres ont été poussés vers la sortie par des fonds activistes. La maxime de l'investisseur Warren Buffett, « *Un P-DG qui n'est pas performant est souvent renouvelé indéfiniment, parce que personne ne dispose d'outils pour mesurer sa performance*[10] », est plus que jamais d'actualité. Jamais la direction des grands groupes français n'a été aussi fluctuante. Certains savent qu'ils risquent leur peau chaque fois qu'ils prennent position sur un sujet sensible. Seraient-ils considérés par leur direction comme des employés eux aussi ? Force est de constater que leur marge de manœuvre se réduit.

Climat apocalyptique

Depuis quatre ans, cette pression s'accentue encore un peu plus. Tandis que les investisseurs continuent de cartographier le moindre risque, les dirigeants s'angoissent face à une conjoncture toujours plus mouvante. D'abord, ils ont accusé le choc du mouvement social des Gilets jaunes. Ensuite, ils ont été essorés par la crise du Covid-19. À présent, beaucoup sont bousculés par la guerre en Ukraine et les conséquences économiques des sanctions européennes. Tous ces événements leur donnent le sentiment de naviguer sur une mer déchaînée. Pour mesurer leur ressenti, il n'est qu'à analyser le vocabulaire employé lors de forums publics ou dans le cadre d'entretiens donnés à la presse. *« L'industrie du voyage et des loisirs s'est mise à l'arrêt lors du premier confinement. C'était de l'ordre de la catastrophe naturelle. Il a fallu gérer l'impensable »*, souffle Caroline Parot, présidente du directoire d'Europcar, en décembre 2020[11]. Concernant le contexte de globalisation et l'intensification de la compétition, Julien Fayet, codirigeant de l'incubateur Schoolab, déclare : *« Les entreprises veulent développer l'innovation. Elles doivent se réinventer en permanence pour ne pas mourir. »*

La plupart des patrons empruntent au champ lexical de l'apocalypse pour décrire les événements de ces dernières années. Parmi eux, certains évitent de tomber dans le piège de la précipitation. Mais d'autres, agitant le chiffon rouge de la concurrence, actent, fatalistes, qu'il y aura des gagnants et des perdants. Ils se soumettent et acceptent de sacrifier un certain nombre de valeurs sur l'autel de la rentabilité. *« Dans le secteur des banques et des assurances, par exemple, tous les acteurs s'orientent vers le service, la relation client. Il n'y aura pas de place pour tout le monde »*, argue Lionel Aré, directeur associé senior du célèbre cabinet The Boston Consulting Group, en 2019 déjà, avant même la crise du Covid-19[12].

Lors du procès de France Télécom en 2019, la vision noire de l'ex-dirigeant Didier Lombard – condamné en appel, en octobre 2022, à un an de prison et 15 000 euros d'amende (il s'est pourvu en cassation) pour avoir mis en place une politique de réduction des effectifs *« jusqu'au-boutiste »* – a été mise en avant comme principal argument de la défense.

De fait, l'intéressé justifiait sa politique managériale par les événements venus de l'extérieur (évolutions technologiques, disparition rapide du téléphone fixe, tablettes et digitalisation). *« Il n'y avait pas le choix. Si on n'avait pas fait ça, France Télécom n'existerait plus »*, a-t-il certifié à plusieurs reprises en 2019. Est-ce donc la peur du naufrage qui a généré le management par la peur ? Ou plutôt, un déni vis-à-vis de l'impact des méthodes de pression sur les salariés ? *« J'ai compris en parlant avec M. Lombard qu'être P-DG, c'est parfois un vrai sentiment de solitude »*, a déclaré son avocate, Me Bérénice de Warren. Cette fameuse solitude du patron, coincé entre son conseil d'administration et la réalité du terrain, pourrait en effet jouer.

Ainsi, toute entité qui, en agitant le chiffon rouge de la compétition, use de l'outil d'optimisation de la masse salariale pour obtenir plus de cash afin de se hisser au niveau de ses concurrents peut tomber dans le même écueil que France Télécom. Rappelons-nous la fameuse phrase prononcée par Henry Kravis, le fondateur du fonds d'investissement KKR – un actionnaire d'entreprises telles que l'institut d'audiences américain Nielsen ou Les Pages jaunes : *« La seule chose qui m'importe est l'amélioration du* process. *Faire plus, avec moins de salariés. »*

Certains diront que cette vision du capitalisme est inéluctable. Mais, selon un nombre croissant de managers, la responsabilité du dirigeant réside justement dans la résistance à cette tyrannie du court terme pour être aux côtés de ses équipes et fixer un cap. Henri Proglio en témoigne. Aujourd'hui, il est l'un des meilleurs observateurs de la vie économique. Il a tenu la barre de Veolia

– multinationale française de services collectifs tels que la valorisation des déchets – de 2002 à 2009 et celle d'EDF de 2009 à 2014. *« Le plus important n'est pas la Bourse ou l'Élysée, ce sont ses salariés. Il faut se le redire tous les matins. Pour tenir dans la tempête, la clef, c'est de s'entourer d'une équipe compétente, loyale et qui tient sur le long terme »*, insiste-t-il, en faisant les cent pas dans son bureau, les mains derrière le dos.

Nous le rencontrons par une journée ensoleillée, le 9 novembre 2021 à 9 heures, au sein d'un bel immeuble haussmannien du huitième arrondissement de Paris. Il nourrit une aversion pour les personnalités issues du monde de la finance et apprécie les profils d'entrepreneurs. Il a évolué dans des cercles politiques, mais a toujours éprouvé de la répulsion pour le milieu des financiers, au risque d'être qualifié de *« parano »* ou d'*« ingérable »* par ses adversaires. *« J'ai été considéré comme un intrus par le système »*, confie-t-il, faisant allusion à ses origines modestes. Sans toujours beaucoup de nuances, il distribue les bons et les mauvais points autour de lui. Daniel Lebègue, l'ancien patron de la Caisse des dépôts ? *« Il a tout de l'inspecteur des finances, mielleux et condescendant. Il me méprisait. Mais le jour où il a perçu que j'étais proche de Jacques Chirac, il a changé de discours vis-à-vis de moi. »* Chez Sanofi, l'ancien dirigeant Jean-François Dehecq ? *« Il avait une dimension sociale qui s'est perdue. »* Henri Proglio analyse les comportements des P-DG en activité. Seuls les vrais industriels trouvent grâce à ses yeux. Ceux qui sont du métier. Chez PSA, *« Carlos Tavares vit, respire en industriel. Il n'est pas un comptable. Il sait dire oui ou non »*. Chez Renault, *« Jean-Dominique Senard est un homme estimable. Chez Michelin, il est allé à bonne école* ». Chez Bouygues, « *Martin est un héritier, mais il n'a pas ruiné son héritage de la même façon qu'Arnaud Lagardère* ». Chez Danone en revanche, « *Emmanuel Faber s'est comporté comme un communicant* ».

Lorsqu'on l'interroge sur les évolutions du rôle de dirigeant, son visage s'assombrit brusquement. Comme Henri Lachmann, tout au long de sa carrière, Henri Proglio a dû gérer une pression accrue des marchés financiers. Il se rappelle ses dernières années à scruter le cours de la Bourse, sachant que le moindre soubresaut peut être interprété, analysé, décortiqué. « *C'est comme si j'étais un coureur de fond avec, toujours sur moi, la mesure de ma tension. Il y a de quoi développer une addiction* », commente-t-il. Est-il encore accro ? Tandis qu'il nous parle, son second écran d'ordinateur affiche en temps réel les flux de l'action en Bourse… de Veolia !

Conscient de l'effet de cette évolution sur les équipes, Henri Proglio s'inquiète : « *Nous sommes dans un système de castes, aussi rigide que celui de la société indienne. Tout en haut, il y a les financiers. Puis, les industriels. En bas, celle des Intouchables, les esclaves, les salariés.* » Ancien professeur de finance à HEC, il sait de quoi il parle. « *Ces vingt dernières années, la pression n'a fait que s'accroître. Le dirigeant y est constamment soumis et cette règle vaut pour tous, sauf pour ceux qui sont à la tête d'entreprises familiales.* » Tout en manipulant, songeur, son smartphone, il lâche : « *Le terme "totalitaire" n'est pas trop fort, car nous assistons à une dictature de la finance et du court terme.* » Parti de Veolia en 2012 et de son conseil d'administration en 2014, Henri Proglio s'exprime comme un ancien capitaine de vaisseau qui, sur le quai, assiste au naufrage de son armada. Comme les autres patrons, il utilise un langage aux accents apocalyptiques. Nous sommes en novembre 2021 et l'achat de Suez – ancienne Lyonnaise des eaux – par Veolia est acté. Il ne manque plus que le feu vert de la Commission européenne – laquelle validera l'opération en décembre 2021. Cette opération le met dans une rage telle qu'il serre les dents dès qu'il en parle : *« Tout ce gâchis va encore se répercuter sur les salariés. »*

Au micro d'Élise Lucet – la présentatrice de l'émission *Cash Investigation* – en 2015, Jean-François Dehecq, fondateur et ex-dirigeant de Sanofi, marque également les esprits par sa colère, teintée de désespoir, lorsqu'il prend connaissance des graphiques de ratios entre les résultats nets de son ancienne société et les dividendes versés aux actionnaires. Son successeur, Chris Viehbacher, a multiplié les restructurations et a dégagé du cash : *« Il ne faut pas être le nez sur son cours de Bourse. C'est une connerie. Il y a des patrons qui passent 25 % de leur temps à parler aux analystes financiers et à promettre la lune »*, a tempêté Jean-François Dehecq.

Ceux qui sont aux manettes de leur société peuvent-ils encore agir ? Cyril de Quéral[13], le directeur associé d'Expertime – partenaire privilégié de l'entreprise américaine Microsoft, conseiller en transformation digitale –, témoigne d'une résistance possible. Sa société évolue dans l'édition de logiciels, un secteur soumis à forte pression. Les clients, de grands comptes, sont exigeants[14]. Pour garder la tête hors de l'eau, il est parfois tenté de mettre ses subordonnés dans la même situation. Mais un jour, il se pose des questions quand il apprend qu'un des managers harcèle toute son équipe : « *Depuis quelques semaines, ses salariés s'épuisaient et ne parvenaient plus à tenir leurs objectifs.* » La tyrannie du court terme aurait-elle donc des conséquences ? Le dirigeant s'entretient avec le manager, lui demande de cesser immédiatement tout contrôle. Durant un an, il prend le risque de se désintéresser des résultats de cette équipe, quitte à peser sur la rentabilité de son entreprise. Mais, un an plus tard, le constat l'étonne. Devenus autonomes, ces collaborateurs ont retrouvé leur libre arbitre et fournissent un travail satisfaisant.

Une expérience édifiante. Et pleine d'espoir.

Dysfonctionnements boursiers

Mais d'autres leviers seraient plus efficaces. Comment échapper à cette névrose obsessionnelle ? Jean-Dominique Senard regarde avec attention les reflets du soleil sur la Seine, en haut, tout en haut de la tour Renault, à Boulogne-Billancourt. Malgré son rythme quotidien surchargé, l'actuel P-DG de Renault[15] a accepté de nous accorder une heure d'entretien. Nous sommes le 8 octobre 2020, entre deux confinements. Le chef d'entreprise est aux premières loges pour percevoir le poids considérable des marchés : « *Il m'arrive d'être très énervé sur le sujet* », avoue-t-il avec pudeur. Il n'en dira pas plus sur sa fonction de dirigeant.

S'il nous rencontre, c'est uniquement pour s'exprimer en tant que vice-président de l'Institut Montaigne. Il veut parler du rapport qu'il vient tout juste de terminer au sein du think-tank, et qui est titré « Le capitalisme responsable : une chance pour l'Europe ». Il a écrit ce texte avec Yves Perrier, le directeur général de la société de gestion française Amundi. Ces deux personnalités accusent le Bureau international des normes comptables (IASB)[16] d'être inspiré par *« un capitalisme financier américain focalisé sur des visions et des rendements de court terme »*. Pour Jean-Dominique Senard, il faut réagir vite : *« L'Union européenne doit faire pression, autant que nécessaire, sur l'IASB et redéfinir un cadre comptable européen. »* Et de hausser le ton : *« Si on ne fait rien, la perte de confiance sera totale ! »* Selon le dirigeant, la situation est urgente. Lorsqu'on l'interroge sur la dimension *« totalitaire »* du capitalisme anglo-saxon, il balaie cependant le terme d'un revers de main. Il le juge *« excessif »*.

En revanche, il porte un regard sans concession sur ces dérives qui, à ses yeux, constituent une menace pour l'économie européenne. Il évoque un dysfonctionnement à l'échelle des organisations internationales qui déterminent les critères de l'information extrafinancière. *« Leur objet est essentiellement de protéger l'entreprise. Ces critères ne répondent pas aux attentes de la société, qui demande à l'entreprise de préserver et d'enrichir son écosystème social, sociétale ou environnemental »*, tranche-t-il. Et d'écrire dans le rapport : *« L'Europe doit définir ses propres critères extrafinanciers au soutien d'un capitalisme responsable qui réponde aux attentes de nos sociétés. L'Europe ne doit pas se contenter de protéger ses sociétés des risques ESG* [Environnementaux, sociaux et de bonne gouvernance] *mais faire en sorte que ces dernières protègent la société et son environnement tout en faisant en sorte de réaliser des profits.* » Parmi les ex-P-DG, Henri Lachmann rejoint sa position. Il plaide pour une souveraineté européenne en matière de valeurs : « *Le MEDEF a toujours été dans la défense, mais pas assez dans la proposition de progrès. Il doit promouvoir des changements au sein du capitalisme.* »

Est-ce là professer une vision irréaliste du monde des grands groupes ? Ou au contraire hyperréaliste ?

3

Au revoir, les maillons faibles !

Quelles sont les conséquences de ces nouvelles exigences sur les salariés ? Pour le comprendre, regardons *Le Maillon faible*, présenté par l'animatrice Laurence Boccolini six ans durant. Sur le petit écran, l'émission n'était qu'un jeu. Aujourd'hui, nous pourrions la regarder comme une satire dramatique de ce capitalisme frénétique qui, en l'espace de trente ans, a pris le pouvoir sur beaucoup de fleurons du CAC 40 et au-delà. Désormais, le tri des salariés ne s'effectue pas seulement entre les bons et les mauvais, mais entre les faibles et les forts.

Dans ce jeu de questions-réponses, l'objectif assigné aux participants de l'émission n'était pas seulement de donner la bonne réponse, mais d'éliminer leurs pairs. Le gagnant n'était pas forcément le plus compétent, mais celui qui prenait le pouvoir sur les autres. À la fin de l'émission, ce dernier remportait la cagnotte de 150 000 francs. Les autres quittaient le plateau les mains vides, après avoir été éliminés. Au centre de la scène, Laurence Boccolini, présentatrice en tailleur noir et lunettes austères, renvoyait sèchement les candidats déchus par cette formule, devenue célèbre : *« Vous êtes le maillon faible, au revoir. »*

À l'époque, l'économiste Jacques Attali – ancien conseiller de François Mitterrand, puis président de la Banque européenne pour la reconstruction et le développement – s'était ému de la logique impitoyable de cette émission télévisée. Le 4 octobre 2001, il écrivait dans *L'Express* : « *Dans une conception darwinienne de la société, il* [le jeu télévisé] *pousse à faire disparaître les plus faibles, à achever les blessés au bord de la route, à ne pas s'occuper de ceux qui retardent le développement collectif*[1]. » Le cinéaste Claude Chabrol[2] s'était au contraire dit fasciné. Il s'était interrogé sur les motivations des joueurs. Pourquoi s'exposent-ils à la télévision pour être humiliés en public ? Mais *Le Maillon faible* n'était qu'un jeu. La sélection dans les entreprises est, elle, une tragédie invisible.

Le « maillon faible » de l'entreprise est l'incarnation spectaculaire d'une méthode issue des entreprises anglo-saxonnes et dénommée *ranking* en anglais – à traduire par « classement ». Cette approche contraint les managers à mettre leurs collaborateurs dans l'une de ces trois cases : les *« hauts potentiels »*, ceux qui dépassent leurs objectifs ; les *« médians »*, ceux qui atteignent la majeure partie de leurs objectifs, et les *« faibles contributeurs »*[3]. Patricia Blancard, secrétaire nationale de la CFDT et membre du Conseil économique social et environnemental (CESE), section économie et finances connaît bien ce système : *« Le ranking est utilisé dans beaucoup de groupes français. Certains ayant même recours à des quotas, alors que cette pratique est aujourd'hui interdite*[4]. » Pour des raisons de confidentialité, la syndicaliste refuse de donner des noms.

Les salariés sont en permanence comparés les uns aux autres. Les maillons faibles sont jugés en fonction des hauts potentiels, sans prise en compte de leurs capacités individuelles. Un senior est comparé à un trentenaire. Une mère avec enfant à un homme célibataire. Les différences sont niées. Tout ce qui compte, c'est de sélectionner les profils les plus rentables à court terme, conformément aux stratégies actuelles des grands groupes. Les « faibles contributeurs » sont ensuite intégrés dans un programme appelé Low Performance Management[5]. Ces derniers sont soumis à un processus qui, la plupart du temps, les expose à des pressions de leur manager. D'abord, ils sont convoqués. On leur propose un « plan d'amélioration ». Malheureusement (pour eux !), les objectifs fixés sont souvent irréalisables. Et le temps imparti pour les atteindre – trois à six mois –, trop court. Les semaines qui suivent cet avertissement sont le théâtre d'un hypercontrôle managérial.

Durant ce laps de temps, les « maillons faibles » intégrés dans ce programme sont souvent infantilisés et surveillés par leurs managers, attentifs au moindre faux pas : une faute dans un courriel, une attitude non engagée en réunion, une demande non respectée, etc. Pris comme des lapins dans les phares, ces derniers ne savent souvent pas sur quel pied danser. De fait, ils sont entraînés dans une danse infernale remettant en cause leurs capacités. Vient ensuite le bilan. En général, leur manager leur dira qu'ils ne sont pas à la hauteur des objectifs. À ce stade, d'une voix chaleureuse, il leur proposera une rupture conventionnelle. Les employés devront l'accepter, sous peine d'être licenciés – la honte sociale. Pour parfaire l'aspect pervers du processus, le manager mentira aux salariés. Il leur fera croire que cette procédure bien huilée est un accompagnement « bienveillant » en leur faveur.

En réalité, l'objectif est souvent comptable, les directions financières demandant aux ressources humaines de faire des équipes les marges d'ajustement du chiffre d'affaires. Dès que le cours de l'action baisse ou que la conjoncture devient moins bonne, les « maillons faibles » présumés sont sacrifiés. Qu'importe qu'ils aient eu une longue carrière et qu'ils aient donné satisfaction par le passé, ou qu'ils aient encore un potentiel non exploité. En France, cette méthode de tri des salariés est violente. Si les Américains ciblés quittent leur entreprise en quelques minutes, les Français, eux, meurent à petit feu. Soucieux de ne pas s'exposer aux prud'hommes, certains employeurs font tout pour qu'ils partent d'eux-mêmes. Dans ce processus, l'arrêt maladie est devenu une étape banale pour ensuite signer une rupture de contrat.

Ces pratiques musclées peuvent pourtant plomber la rentabilité à long terme. Pour *Vanity Fair*, le journaliste américain Kurt Eichenwald a enquêté plusieurs mois sur la chute des résultats de Microsoft dans les années 2000. Et voici ce qu'il écrit : « *Toutes les personnes interviewées ont désigné le ranking comme le process le plus destructeur de Microsoft. Dans une équipe de dix personnes, deux étaient bien notées, une était dans les médians, sept ne l'étaient pas. Cela a mené tous les employés à se lancer dans une compétition sans merci. Et donc, plus personne ne s'est occupé de l'innovation*[6]. » Chez les salariés jugés « médians » ou même « hauts potentiels », ces évaluations ont généré un stress qui, à long terme, les a minés. « *Le ranking réduit la performance de l'entreprise. Il renforce les comportements de compétition individuelle et encourage des conduites déloyales. Il détruit la coopération et la convivialité*[7] », estime la CFDT dans une brochure dédiée

Dans ces groupes, les directions des ressources humaines ont une vision d'ensemble : « *Les managers réalisent moins la dimension systémique du problème. Car, généralement, ils pensent que la sélection de profils peu rentables est propre à leur équipe* », précise Didier Bille, un DRH fort de plus de vingt ans d'expérience. Le cadre a publié un ouvrage phare en 2018 intitulé *DRH, la machine à broyer. Recruter, casser, jeter*[8]. Depuis, il ne cesse de révéler les pratiques déviantes des groupes pour lesquels il a travaillé ces dix dernières années. Il a ainsi joué le rôle du DRH cynique dans le film *Un autre monde* de Stéphane Brizé, sorti en 2022, qui met en scène les liens de loyauté unissant un haut cadre à son entreprise qui lui enjoint de sacrifier sa vie personnelle sur l'autel de la performance. En 2009, lors de son passage de plusieurs mois chez General Electric, il a perçu que le groupe utilisait cette méthode en imposant aux managers des quotas de « *losers* ». Ces responsables d'équipes étaient contraints de sous-noter un certain nombre de leurs collaborateurs, même si, objectivement, ces derniers avaient effectué du bon travail. Cette méthode d'optimisation de la masse salariale permettait d'ajuster le chiffre d'affaires : « *Les managers devaient mettre des notes particulièrement basses à certains salariés. Généralement, ils s'appuyaient sur des données subjectives pour justifier leurs mauvaises notations, telles qu'un manque d'esprit d'équipe ou un comportement inadéquat avec les valeurs de l'entreprise* », explique Didier Bille[9].

En France, actuellement, la pratique du ranking est autorisée. En revanche, celle visant à imposer aux managers des pourcentages de « maillons faibles » au sein de leurs équipes est interdite par un arrêt de la Cour de cassation de mars 2013[10]. Malgré cette réglementation, le système perdure dans certaines structures de l'Hexagone. Ainsi, en juin 2017, quatre ans après l'interdiction par la Cour de cassation, la société Sanofi-Aventis Groupe triait toujours ses salariés selon des pourcentages imposés de mauvais, de moyens et de bons. Soutenus par les syndicalistes de Force ouvrière, des managers ont alerté de grands médias – France Inter et France Culture – pour dénoncer cette pratique qu'ils jugeaient *« injuste »*. La direction a démenti avec une parfaite hypocrisie : *« Si des dérives ont pu être observées, il s'agit d'initiatives individuelles contraires à nos valeurs et d'exceptions qui appellent toute notre vigilance*[11]. »

Au quotidien, des dirigeants des ressources humaines – ces DRH aujourd'hui contestés – sont toujours confrontés à ces pratiques, en particulier dans les filiales françaises de groupes anglo-saxons. Delphine, DRH d'un groupe américain de 3 000 personnes, en témoigne. Au rez-de-chaussée de l'immense tour en verre où elle travaille, à La Défense, la quinquagénaire raconte, tout en se dirigeant vers la cantine : « *J'ai refusé de mettre en place ces quotas de* losers. *J'avais l'argument imparable du fait qu'aujourd'hui, la pratique est interdite en France.* » Si elle a eu l'aplomb de refuser, combien de DRH acceptent sans broncher de sous-noter des collaborateurs et de se soumettre à leur direction ?

Parfois, la frontière entre le licite et l'interdit est plus subtile. C'est le cas chez Danone. Une ancienne directrice des ressources humaines d'une importante filiale révèle : « *Dans mon document d'évaluations, il y avait un pourcentage de référence, indiquant le nombre de salariés par équipe à positionner dans les cases de mauvais, de moyens et de bons. Il était indiqué que ce chiffre était écrit à titre informatif. Mais si nous ne le respections pas, nous avions une remarque de la part de notre hiérarchie.* » Auprès de collaborateurs syndiqués, nous avons obtenu le document nommé « ASR », qui sert de support à l'évaluation comportementale des personnes. Effectivement, il indique des quotas de référence : « *Nous n'étions pas sanctionnés si nous ne mettions pas ces quotas. Mais nous étions appelés par notre supérieur hiérarchique ou par les dirigeants des ressources humaines, qui nous demandaient de rendre des comptes sur notre classification des membres de notre équipe. Nous ne pouvions pas, par exemple, noter de façon positive toute notre équipe, même si tout le monde avait fait du bon travail*[12] » rapporte encore un autre manager, qui a travaillé au siège de l'entreprise, à Rueil-Malmaison. Contactée, la direction de Danone se justifie : « *Nous produisons des statistiques entre les différentes équipes qui permettent, en cas d'écart important au sein d'une population donnée, d'analyser les causes de cet écart et de nous assurer qu'il n'y aurait pas d'iniquité. Il s'agit d'indications et d'outils d'aide à destination des managers.* »

Anne, ancienne directrice des ressources humaines dans une filiale du groupe Saint-Gobain – dans le secteur de la production, de la transformation et de la distribution de matériaux –, témoigne pourtant qu'il est possible de vérifier les évaluations transmises par les managers, sans notifier des pourcentages : « *Au sein de nos équipes, la pratique du ranking ne s'est jamais traduite par une sélection de sous-performants. Si un manager estimait que tous les membres de son équipe travaillaient correctement, il pouvait leur donner à tous de bonnes notes. La direction des ressources humaines vérifiait en revanche que ces évaluations correspondaient à des résultats objectifs*[13]. »

Dans les PME et les start-up, les pratiques de quotas sont rares. Mais les dirigeants des ressources humaines appliquent d'autres méthodes, dont l'objectif est de se séparer des salariés rapidement, en cas de besoin. L'une d'entre elles s'appelle le « *balanced scorecard* ». Conçu en 1992 aux États-Unis, par Robert S. Kaplan, professeur à Harvard, et David Norton, un consultant, cet outil se présente comme un tableau de bord à quatre entrées : « *Comment le client nous perçoit-il ?* », « *Dans quoi devons-nous exceller ?* », « *Pouvons-nous continuer à nous améliorer ?* », « *Comment les actionnaires nous voient-ils ?* ».

Son objectif initial était de mesurer la performance globale d'une société. Mais, en l'espace de trente ans, son usage a changé. Il est désormais utilisé comme un outil d'autoévaluation. Le collaborateur doit lui-même répondre à ces questions, et fournir régulièrement à sa direction des éléments indiquant ses erreurs. « *Tous les vendredis, j'ai dû envoyer à notre manager une réussite auprès d'un client, un point d'amélioration et un objectif à atteindre. Ces éléments ont ensuite été réutilisés par mes chefs lorsqu'ils ont souhaité me licencier. Ce reporting hebdomadaire n'était, en réalité, qu'une base de données de back-up pour faciliter les licenciements*[14] », déplore une recruteuse dans un cabinet parisien. Une ex-responsable de la *supply chain* d'une start-up tient le même discours : « *Le vendredi soir, nous ne partions pas sans faire de bilan. Ce côté flic, c'était dur. Nous devions, à chaque fois, noter trois points positifs et trois points négatifs. Cela nous demandait de marquer nos loupés. Cela servait au "stockage" si, un jour, il fallait nous virer*[15]. » Les données rassemblées sont de l'ordre du subjectif, du non-rationnel. Le manager a ensuite le pouvoir de les interpréter à sa convenance. Du côté des salariés, cet outil ancre l'idée qu'une évaluation n'est pas une opportunité pour progresser, mais une réserve d'arguments en cas de licenciement brutal. Et une manifestation du cynisme managérial.

Autre pratique, mêmes effets pour le très en vogue *people review*, en français « revue du personnel ». Officiellement, cette méthode prône un échange entre les managers, les clients et les parties prenantes sur le travail d'un salarié. Mené avec bienveillance, il peut être un bon marqueur pour évaluer les salariés. Il arrive, malheureusement, qu'il soit détourné en un outil de réduction de la « masse salariale ». C'est un moyen d'amasser des informations. « *Un jour, un de mes clients m'a demandé ce que je pensais de collaborateurs que je coachais. Évidemment, j'ai refusé de lui répondre. D'abord, pour une raison déontologique. Ensuite, parce que j'ai vite compris qu'une prise de parole de ma part serait déformée et utilisée au cas où il faudrait, un jour, virer ces personnes*[16] », raconte, songeur, Marc-Antoine de Bagneaux, associé de Grandir, un cabinet de conseil dédié aux cadres et aux dirigeants.

Depuis les années 2010, des outils plus pervers encore se généralisent. Ce sont les Plans d'amélioration de la performance (PAP) ou Performance Improvement Plan (PIP). Ils sont officiellement présentés comme des formations et des coachings dédiés aux moins performants. Mais en réalité, ils sont conçus uniquement pour mener les salariés présumés hors course dans l'antichambre du licenciement. Pour les dirigeants, ces outils ont tous les atouts. Ils permettent de réduire la fameuse « masse salariale », tout en évitant de perdre aux prud'hommes – il suffira de prouver que le salarié a été accompagné et formé pour se dédouaner.

De fait, toute la responsabilité du licenciement est mise sur les épaules du collaborateur évincé. Licencié pour « *insuffisance professionnelle* » et non pour des raisons économiques, ce dernier se persuadera de sa nullité. Parfois, il aura été choisi pour une vulnérabilité objective : son âge, un moment de fatigue, une démotivation éphémère, un début de burn-out ou des signes de dépression. Il saura qu'il est en situation de fragilité par rapport à ses collègues, tous bien portants et investis à 200 %. Culpabilisé, il ne remettra pas en question, le plus souvent, le bien-fondé de cette éviction. Officiellement bien sûr, on ne lui reprochera pas sa situation personnelle, mais ses conséquences : « *Tu manques de réactivité, nous te trouvons peu investi depuis quelques mois, tu sembles à côté de la plaque.* » L'employeur veillera à utiliser des termes

« *bienveillants* », pour assurer son subordonné de sa bonne foi. Ce dernier se retrouvera infantilisé. Il pensera être le seul « *maillon faible* » d'une équipe de forts. Une mascarade peu glorieuse.

Dans beaucoup de groupes du CAC 40, cette pratique est récurrente. Et elle inquiète les syndicats de cadres depuis cinq ans : « *Les derniers plans sociaux d'entreprise (PSE) nous avaient presque fait oublier le processus de Performance Improvement Plan (PIP), mécanisme plus ou moins loyal d'aider un collaborateur en difficulté ou plus fréquemment antichambre des licenciements de* "Low Perfs", *suivant l'humeur de leur manager* », écrivent les syndicalistes CFDT de la filiale française du groupe américain Oracle sur leur site internet, en janvier 2017[17]. Et de poursuivre : « *Si, dans l'absolu du fonctionnement d'une entreprise, le principe de licenciement pour insuffisance professionnelle pourrait s'entendre, les tensions persistantes concernant la conversion de la société vers le Cloud amènent le management à réinterroger fortement la seule performance des collaborateurs commerciaux.* » Contactée pour commenter ces allégations, la direction d'Oracle n'a pas répondu à nos sollicitations.

Humiliations

La même année, chez Schneider Electric – spécialiste mondial en gestion de l'énergie coté au CAC 40 –, les employés syndiqués de Force ouvrière formulent cet avertissement : « *À la suite des dernières revues de performances, certaines personnes ont eu une note de 1, "sous-performant", ce qui conduit à un PIP (Performance Improvement Plan) ou Plan d'amélioration de la performance (PAP). Ce système est actuellement dévoyé par des managers pour piéger des salarié(e)s.* » La direction du groupe n'a pas souhaité donner sa version des faits.

Agnès Hauenstein, secrétaire générale de la CFTC, a fait elle-même les frais de cette pratique. En avril 2021, elle raconte son expérience dans le média participatif dédié au dialogue social en entreprise *Miroir social* : « *J'étais face à mon N+1 et à mon N+2. La réunion s'est déroulée en mode judiciaire et en anglais. Pendant une heure, les motifs d'insatisfaction se sont accumulés. […] On m'a traitée comme une enfant rebelle. Les propos ont été injurieux, on m'a traitée de menteuse, on m'a reproché de ne pas en faire assez voire pas du tout, mal et moins que les autres*[18]. » Les salariés sont pris en otage dans des entretiens aux allures d'interrogatoire soviétique. Quant à leurs collègues, ils s'interrogent : « *Suis-je le prochain sur la liste ?* » Sur le forum du site internet Légavox – une plateforme communautaire juridique –, un anonyme témoigne : « *Depuis quelque temps on a des collègues qui sont convoqués pour être soumis à un Plan d'amélioration de la performance ; certains par la suite ont été licenciés. Ma question est : est-on obligé de signer un tel plan ? Car à la fin de la réunion le manager demande la signature de l'employé, et en cas de refus est-ce que cela nous dessert (mauvaise attitude) ?* »

Un directeur des ressources humaines, qui a travaillé dans la filiale française d'un laboratoire biopharmaceutique britannique, détaille : « *Ma direction utilisait cette méthode pour licencier une centaine de personnes par an. Chaque année, nous discutions pour savoir qui nous allions mettre sous PIP. En réalité, ce joli mot recouvre une pratique de harcèlement*[19]. » Toujours selon ce cadre, l'outil était mis en place dès qu'on identifiait une faiblesse chez une personne : *« C'est un argument imparable aux prud'hommes. L'employeur a la preuve qu'il a mis en place une formation pour aider le salarié, alors que l'objectif de ce processus était en fait de l'évincer. »*

« Insuffisance professionnelle », vraiment ?

Pour éviter de faire des plans sociaux qu'ils jugent coûteux et préserver leur image, de plus en plus d'entreprises licencient leurs salariés en invoquant un motif d'insuffisance professionnelle supposée, alors qu'en réalité, ils les renvoient pour des raisons comptables. *« Dans le cadre d'une fusion entre les deux divisions Insights et Consulting, ma direction m'a demandé de licencier 50 personnes, pour éviter de faire un plan social. Ils voulaient réduire les coûts des licenciements et, par ailleurs, sélectionner eux-mêmes les gens à faire partir. Ils ne voulaient pas que ce soit des jeunes qui les quittent, mais plutôt les plus âgés ou ceux qui, selon eux, n'avaient pas le potentiel escompté*[20] *»*, témoigne Didier Bille, DRH, embauché en 2019 au sein de l'institut de sondage Kantar. Choqué par cette demande, le cadre, qui venait d'être recruté au sein de la structure, a finalement refusé de s'exécuter. Il s'explique : *« Pour mener ces licenciements, la direction s'est abstenue de monter des dossiers de toutes pièces. Mais elle a demandé aux managers de "ne rien laisser passer" pour* *faire pression sur ces cadres. Pour "aller plus vite", elle n'a pas souhaité déclarer ce processus au CESE.* » Contacté, le syndicat déclare : « *Nous n'avons pas entendu parler d'un tel plan et cela va dans le sens d'un déficit d'information permanent de la part de la direction.* » Quant à la dirigeante incriminée, elle donne une version totalement différente des faits : « *Dans un contexte de crise Covid et comme la plupart des sociétés en France (et certainement en Europe), nous avons dû appliquer une politique de gestion prudente des effectifs. Il s'agissait tout simplement d'une "attrition naturelle". Ainsi, sauf cas spécifiques – notamment au regard de la charge de travail –, la plupart des départs "naturels" (licenciements, démissions...) ne devaient pas être remplacés. Les représentants du personnel étaient informés de cette approche précautionneuse vu la période incertaine. Nous les avons même consultés à ce sujet et nous avons reçu un avis favorable dans le cadre des orientations stratégiques, comprenant un volet sur la gestion prudente des effectifs*[21]. »

Chez L'Oréal, en novembre 2021, une histoire similaire s'est déroulée au sein du groupe. Cinq cadres d'une filiale, Retail Excellence, dénonçaient l'application d'un accord de performance collective – signé par les élus du personnel et la direction – permettant à l'entreprise de se débarrasser de salariés sans faire de plans sociaux. Il reste qu'à partir de juin 2020 les magasins Nyx – détenus par L'Oréal – ont été fermés les uns après les autres, car jugés insuffisamment rentables. Les employés, eux, ont été pour la plupart transférés à d'autres postes dans le groupe. Certains témoignent dans *L'Humanité*[22] à cette occasion avoir été licenciés pour motifs personnels, avec des indemnités moindres. Dans un courrier, la direction affirme, elle, avoir : « accordé des mesures d'accompagnement et des indemnités supplémentaires conventionnellement garanties[23] ».

Lorsque les groupes veulent réduire leurs effectifs pour des raisons d'économie, ils mettent souvent la responsabilité sur le dos de leurs collaborateurs. À la sortie de la crise sanitaire, Frédérique, cinquante-huit ans, a fait les frais de cette hypocrisie. Tandis qu'elle traverse les forêts des Ardennes en voiture, cette ex-coach professionnelle dans un cabinet de conseil, implanté dans un quartier huppé de la capitale, raconte posément son histoire[24]. En mars 2022, elle est contactée par son chef, qui lui liste les mauvais chiffres de la société. Les confinements successifs ont fait baisser la rentabilité malgré la mise au chômage partiel des salariés. Il lui demande de signer une rupture conventionnelle pour des raisons économiques. Mais Frédérique refuse. Elle ne veut pas se sacrifier, alors qu'elle a travaillé pour son cabinet même lorsqu'elle était au chômage partiel.

Quelques semaines plus tard, elle est licenciée pour *« faute grave »*, sa direction invoquant la raison d'un *« non-port du masque »*. Pour appuyer les motifs de cette éviction, le dirigeant a fait signer une pétition parmi les plus jeunes, arguant que Frédérique ne portait pas toujours son masque et mettait les autres en danger. Dans plusieurs mois, la quinquagénaire ira aux prud'hommes pour *« licenciement abusif »*. Sur le groupe WhatsApp institué par son chef, elle a récupéré les photos d'une soirée d'entreprise en plein confinement en 2020 : *« On y voit le big boss et ses collaborateurs sans masque faire la fête et fumer dans les locaux »*, rapporte Frédérique, qui était absente lors de cette petite soirée informelle.

En France, les statistiques corroborent ces témoignages. Selon une étude de la Direction de l'animation de la recherche, des études et des statistiques (Dares) de 2018[25], la part des licenciements économiques s'est effondrée. En 1993, elle représentait 20 % des fins de contrats. À partir des années 2000, elle était à 5 %. En 2017, elle était à moins de 2 %.

On est entré dans la période du licenciement heureux, voulu par le salarié et… sa direction ! Un jeu de rôlc fictif qui ne trompe personne.

4

L'obsolescence des compétences

Dans l'entreprise moderne, il faut désormais être « agile ». En l'espace d'une dizaine d'années, le terme est devenu un mantra du néolibéralisme. Séduit par les principes de la nouvelle économie[1], Emmanuel Macron lui-même ne cesse d'employer cet adjectif. De fait, dans nos groupes impactés par l'intelligence artificielle, les compétences sont obsolètes, le salarié n'est plus celui qui a de l'expérience, mais celui qui est adaptable aux nouvelles technologies.

Sur le marché du travail, toutes les entreprises se disent « agiles ». Elles sont *« lean*[2] *»*. Les salariés – enfin, les « collaborateurs » – sont sommés de l'être aussi.

Il leur est demandé d'exploiter leurs neurones pour les adapter à l'organisation du travail. *« Ce que vivent aujourd'hui ces travailleurs intellectuels est de même nature que ce qui est arrivé aux tisserands de métier lorsque leur savoir-faire a été incorporé dans les métiers à tisser Jacquard au début du XIX*^e^ *siècle*[3] *»*, note Ursula Huws, professeure à l'université du Hertfordshire au Royaume-Uni, spécialiste de la digitalisation de l'économie.

En Allemagne 2,1 millions d'emplois sont actuellement détruits par la digitalisation, l'intelligence artificielle et les délocalisations. Les comptables, les cadres de banque et les secrétaires ont été les premiers concernés par cette mutation technologique. Ensuite, ce fut le tour des salariés des fonctions support des ressources humaines et marketing. Dans les prochaines années, la liste continuera de s'allonger. Fin 2021, une étude de l'Organisation de coopération et de développement économiques (OCDE) montre le remplacement de certaines fonctions managériales par l'intelligence artificielle entre 2012 et 2019[4].

Auparavant, les employés étaient des experts de leur métier. Mais progressivement la digitalisation a rendu caduc leur savoir-faire.

Pour certains, la transformation de leur métier en « job à la con » s'est faite brutalement, au moment de la mise en place d'un logiciel ou d'une intelligence artificielle. C'est ce qui s'est joué dans le cabinet de recrutement parisien de Florence, une ancienne recruteuse que nous avons rencontrée dans une brasserie à Asnières-sur-Seine. La trentenaire raconte ce basculement brutal qui a mené à la perte de sens de son métier. L'histoire débute un soir de janvier 2015, au son des bouchons de champagne. Ce soir-là, le P-DG de ce cabinet chasseur de têtes prend la parole devant ses salariés : *« Nous fêtons la mise en service d'un nouveau logiciel. Son algorithme est révolutionnaire. Il permet de sélectionner les CV, contacter les candidats et planifier les entretiens. Avant, c'était vous qui faisiez toutes ces tâches. Maintenant, vous n'aurez plus qu'à vous concentrer sur l'essentiel : les entretiens d'embauche »*, assure le dirigeant, barbe de trois jours et visage hâlé, avant de lancer : *« Nous allons faire partie des leaders. Nous pouvons être fiers ! »*

Ce n'est que plusieurs mois plus tard que les employés réalisent les conséquences sur leur vie d'un tel changement.

Pour rentabiliser l'outil, la direction augmente leurs objectifs chiffrés. Désormais, chaque recruteur doit assurer dix rendez-vous par jour, contre trois ou quatre auparavant. Pour accélérer le processus, le dirigeant installe des bornes digitales dans l'entrée. À son arrivée, chaque candidat y récupère un ticket lui donnant le numéro de la salle où l'attend le recruteur. Sur place, l'entretien est chronométré : trente minutes si dès la première poignée de main le candidat fait une bonne première impression, quinze seulement dans le cas contraire. Et, pour que tout ceci soit plus efficace, il est désormais strictement interdit au recruteur de poser des questions qui viendraient de sa propre initiative. Ces dernières sont listées par un logiciel, dans lequel le recruteur se contente de cocher des cases pour retranscrire les réponses des candidats.

Tous très diplômés en général et aguerris par plusieurs années d'expérience, les chasseurs de têtes de ce cabinet parisien se retrouvent brutalement paramétrés comme des machines. Leurs interventions se bornent à serrer machinalement des mains, poser les questions prédéfinies par le logiciel, puis remplir les fiches d'évaluation.

Expropriés de leur savoir intellectuel, beaucoup de cadres s'étonnent. Pourquoi sont-ils traités comme des machines ? Pourquoi les surveille-t-on ainsi ? Pourquoi doivent-ils lister toutes leurs actions à leur hiérarchie en temps réel ? Dans de nombreuses entreprises, ils n'ont rien vu venir ces dernières années. Ils n'ont pas perçu que le processus de robotisation de leurs homologues chinois ou indiens, de l'autre côté du globe, les impacterait un jour. De fait, depuis les années 1990, la plupart des sociétés françaises ont fonctionné avec un service à deux vitesses. Celui des cadres occidentaux, payés cher. Celui de leurs collègues asiatiques, rémunérés dix fois moins. « *Mon travail est-il vraiment utile ? En Inde, des ingénieurs réalisent les mêmes tâches que moi. Mais eux, sont payés 400 euros par mois. Moi, 4 000 euros* », s'interroge un ingénieur dans l'aviation civile, qui travaille dans un prestigieux groupe français. Derrière la flexibilité, se profile une rentabilité accrue. Plus un salarié est flexible, agile, plus il fait du chiffre à court terme.

Les théoriciens de l'université de Harvard, dans le Massachusetts, martèlent depuis soixante-dix ans que le cerveau est une matière étirable à l'infini et que les employeurs peuvent le modeler comme ils le souhaitent, pour obtenir une organisation du travail performante. En 2000, dans le nord-ouest de l'Allemagne, un chercheur s'est emparé de la question de l'agilité. Il s'appelle Peter Kruse. Il est médecin, mais il n'a pas de patient. Il a dédié sa science au monde de la finance. En 1999, il a publié un document à destination des patrons : « *Change management* » – traduit en français par « le principe de changements réussis dans les entreprises ». Il a expliqué que le cerveau était plus performant lorsqu'il était confronté à la nouveauté. Il en a déduit qu'il fallait créer de toutes pièces les conditions d'une instabilité pour pousser le collaborateur à *« sortir de sa zone de confort »*, *« briser et éliminer les anciennes règles et instaurer une culture nouvelle »*.

Pousser les personnes à l'agilité extrême les obligerait à s'adapter, à faire l'effort de changer et de produire plus. Depuis, sa théorie est reprise partout : *« Depuis quelques années, cette agilité cognitive est de plus en plus recherchée chez les salariés par les entreprises : cette agilité leur permet de s'adapter facilement au changement, d'anticiper les problématiques, d'être créatifs »*, arguent les médecins et psychologues du cabinet de conseil franco-belge Moodwork, spécialisé dans la qualité de vie au travail[5].

Cette exigence se traduit, en réalité, par une obéissance aveugle vis-à-vis de la hiérarchie : « *Le déploiement du* lean *s'accompagne le plus souvent d'un volet comportemental important, qui a pour objectif d'amener les salariés à appliquer fidèlement et à s'impliquer totalement dans les processus optimisés retenus par la direction. Toucher aux comportements, à la psychologie des individus, induit des effets qu'il est important d'observer et d'encadrer. Il en va de leur santé* », s'alarme en 2016 Yolande Solé, secrétaire nationale de la CFDT, sur le site internet du syndicat[6]. Aujourd'hui, 79 % des dirigeants déclarent vouloir faire de l'agilité une compétence centrale de leur entreprise dans les deux années à venir[7]. « *L'automatisation ne menace pas les employés mais leur employabilité. Il faut réapprendre à apprendre* », assume Patrick Dixneuf, CEO d'Aviva Europe, qui ajoute : « *La première exigence des dirigeants des ressources humaines n'est plus le diplôme, mais l'aptitude au changement*[8]. »

Dans un monde où le savoir-faire, le mérite et la valeur travail n'existent plus, l'agilité est considérée comme un impératif. Le P-DG d'un groupe de près de 8 000 salariés nous confie : « *Quand tu as comme concurrents des boîtes telles qu'Amazon ou Uber, tu es obligé, pour exister sur le marché, de changer régulièrement de méthodes managériales pour t'adapter. Ces dernières années, des secteurs entiers se sont effondrés, faute de ne pas s'être suffisamment adaptés. Regarde, IBM est en train de mourir. Apple et Microsoft sont les seuls qui survivent et ne parlons pas des Chinois. Seule une entreprise telle que Microsoft a survécu. La clef de son succès réside dans la sélection des salariés. La direction de Microsoft a catégorisé les apprenants et les sachants au sein de ses effectifs pour booster leur performance. La direction des ressources humaines a fait faire des tests de personnalité aux personnes. Elle a identifié ceux qui "pensent tout savoir" et ceux qui "veulent tout apprendre". Et ils ont remplacé les sachants par des apprenants*[9] *!* »

5

L'employeur-psychologue

Mars 2019. Au Starbucks de la gare Saint-Lazare, à Paris, Odile Grandjean, foulard chic noué autour du cou et lèvres ourlées de rouge, boit à petites gorgées son *macchiato*. Elle vient de partir à la retraite et s'apprête à mener une vie tranquille après avoir été vingt ans durant conseillère aux prud'hommes de Paris. En deux décennies, elle a perçu l'évolution du marché du travail. Elle a vu une élimination de plus en plus drastique des salariés jugés *« anormaux »*. C'est-à-dire ceux dont le profil ne correspond pas à la mode managériale du moment, mais aussi ceux dont le comportement est jugé *« bizarre »* par leurs collègues. Ces vilains petits canards sont des cibles de premier choix pour être positionnés dans les *low performant*, cette fameuse case dédiée aux salariés sous-notés et menés ensuite dans l'antichambre du licenciement.

Les « vilains petits canards »

Ces salariés ne sont plus seulement évalués selon leur mérite au travail, mais sur l'exploitation de leur potentiel social. Ils doivent être *« inspirants »*, être des *« leaders*[1] *»*.

Ainsi, parfois, celui qui sait se valoriser – même s'il n'est pas particulièrement compétent – bénéficie d'une reconnaissance. Tandis que celui qui fournit du bon travail, mais pèche par son comportement indépendant est évincé par ses pairs.

Élodie, ancienne cheffe de projet dans une agence de communication, témoigne : « *Dans chaque équipe, il y a un mouton noir. C'est l'élément différent du groupe. Dans ma dernière agence, c'était une fille, toujours habillée de façon très féminine. Les autres filles étaient jalouses et n'arrêtaient pas de dire qu'elle était une pute. Dès qu'elle passait, elles se taisaient.* » Dégoûtée par ces violences répétées, la jeune femme a quitté le milieu de la communication. Elle est désormais vendeuse chez Ikea et, depuis, se sent plus sereine : « *Ici, au moins, les relations humaines sont plus saines.* » Odile Grandjean commente, songeuse : « *Ces personnes sont différentes des autres par leur façon de penser ou leur code vestimentaire. Elles sont à la marge. Et du coup, elles sont rejetées.* » Et de poursuivre : « *La norme sociale est devenue écrasante. Toute personne qui diffère est exclue de facto.* » Emmanuelle, salariée au sein d'une équipe de logistique, a également perçu ce mécanisme dans sa PME, spécialisée dans l'ameublement. « *Chez nous, le stagiaire avait pris le pouvoir. Il était beau gosse et il avait du bagou. Il avait un profil très charismatique. Il ne travaillait pas plus que les autres. Mais il nous demandait où nous en étions de notre travail. Et il accompagnait les chefs dans leurs missions.* »

Delphine, la directrice des ressources humaines d'un groupe de 3 000 personnes basé à La Défense, confirme cette tendance : « *C'est étrange. Lorsqu'une personne a un handicap affiché, les salariés font l'effort de l'accepter. Mais quand il s'agit d'intégrer des collègues qui ont de légères différences avec la norme du groupe, c'est la mise à l'écart assurée. Et cela s'accentue ces dernières années.* »

Cette mise au ban de celui qui est différent sévit tant au sein d'équipes de grosses entreprises françaises du CAC 40 que dans les effectifs de petites structures, fascinées par le modèle de la Silicon Valley – le pôle des industries de pointe telles que Google et Facebook, implanté dans la baie de San Francisco, aux États-Unis. En cette période post-crise sanitaire, la situation ne risque pas de s'arranger. « *À chaque fois que l'économie se dégrade, les discriminations à l'emploi sont décuplées* », souligne le sociologue Jean-François Amadieu, directeur de l'Observatoire des discriminations[2]. « *Lorsque les employeurs ont plus de latitude de choix, avec un déséquilibre de l'offre et de la demande, et font face à des impératifs d'urgence induits par la crise, l'influence des biais liés notamment au physique, au poids ou à l'origine explose de manière mécanique à l'embauche* », complète le chercheur. « *Je vois régulièrement des discriminations à l'état de santé. Lorsque des salariés sont atteints de maladie grave ou qu'ils ont un accident. Ils doivent bénéficier à leur retour d'un aménagement de leur temps de travail et souvent, à ce moment-là, certains se font pousser vers la sortie* », rapporte Émilie, inspectrice du travail en Île-de-France[3]. Un collaborateur qui a un souci de santé n'est plus considéré comme socialement et donc économiquement viable.

Julien Fayet, P-DG de Schoolab, un incubateur de start-up localisé à Paris, s'inquiète de cette tendance : « *Il y a de plus en plus de jugements subjectifs sur les gens. Une subjectivisation influencée par des intérêts mercantiles*[4]. » Odile Grandjean abonde : « *Dans les entretiens personnels, des gens sont coincés car on utilise contre eux des éléments personnels (maladie, congé parentalité, problèmes de couple), c'est aberrant.* » Jean-Claude Delgènes, le président de Technologia, un cabinet leader dans la prévention des risques psychosociaux, ajoute : *« De grands groupes cultivent leur eugénisme pour avoir le meilleur étalon de course*[5]. »

De fait, cette dérive de l'évaluation génère des dérapages. En février 2020, Mediapart a consulté un fichier Excel appelé *Liste du perso situation au 02 07 2019*. Ce document recense les noms des salariés de la division Centre-Auvergne du groupe Vinci Autoroutes[6]. 184 personnes sont concernées. Dans le listing, on relève des commentaires dérangeants tels que : *« Suicide mari ???? Enfants pas stables… »* ou encore *« Souci d'alcool »* et *« Caractère de cochon. S'emporte facilement. Elle part vite dans les tours »*. Des éléments intimes sont consignés et participent à l'évaluation du potentiel des intéressés[7].

Ce fichage des équipes n'est pas isolé. En 2017, *Le Dauphiné libéré* révélait le fichage d'intérimaires de Leroy-Merlin par des managers. Ces derniers listaient les employés et commentaient leurs profils avec des propos subjectifs et déplacés tels que *« beurk »* ou *« vicieux*[8] *»*. Un an plus tôt, *Le Parisien* avait rapporté des pratiques semblables à la SNCF. *« Roi de l'embrouille »*, *« vient du fin fond de la campagne »*, *« détesté par l'équipe »* étaient accolés à certains noms[9]. Contacté, le groupe déclare : « Nous tenions à vous préciser et vous informer qu'il n'existe pas de collecte ni de traitement illicite de données personnelles concernant les agents au sein de l'entreprise. Il s'agit d'un cas isolé dont la justice s'est saisie. » En août 2015, Mediapart avait également révélé l'existence d'un système de fichage chez France Télévisions[10]. Ces documents annotés de façon artisanale ne sont que l'écume d'une lame de fond. Le Tribunal correctionnel a infligé à France Télévisions une amende de 15 000 euros ainsi que 5 000 euros de dommages et intérêts au CSE, et 10 000 euros de frais de justice. La cour d'appel et la cour de cassation ont validé ce jugement.

« *Cette sélection normative des salariés fait basculer l'entreprise dans une crise sociale* », regrette Philippe Royer, à la tête du réseau des Entrepreneurs et dirigeants chrétiens (EDC), qui représente plus de 3 000 dirigeants, et dirigeant de Seenergi, une entreprise de conseil en élevage à Laval, en Mayenne. « *C'est le symptôme d'une économie linéaire où on ne se préoccupe pas des déchets*[11]. »

Profilage comportemental

Cette éviction sociale des « vilains petits canards » se double d'un critère encore plus exclusif, celui du profilage comportemental, voire psychique, généré avec l'aide des neurosciences. « *En quelques années, les entreprises ont psychiatrisé le monde du travail. Elles se sont attachées à distinguer les personnes psychiquement employables de celles qui ne le sont pas* », dénonce le psychiatre belge Dirk De Wachter[12], qui observe cette tendance, à force de recevoir des patients en souffrance dans son cabinet. En mars 2021, le médecin a publié un essai titré *L'Art d'être malheureux* aux Éditions de La Martinière pour alerter sur l'injonction à avoir une parfaite santé psychique. Ce qui est paradoxal en France, troisième plus gros consommateur d'anxiolytiques et d'antidépresseurs au monde[13].

Empreinte Humaine, un cabinet de conseil spécialisé dans les risques psychosociaux et la qualité de vie au travail, révèle en 2022 qu'un salarié sur dix est en arrêt maladie pour des raisons psychologiques et qu'un tiers des employés souffrent d'une dépression nécessitant un traitement[14]. Sur le terrain, l'évaluation des comportements est rejetée par les collaborateurs. 60 % d'entre eux pensent qu'être évalué sur des *« soft skills »* est trop subjectif et représente une pression supplémentaire. 50 % estiment que c'est motivant et pénalisant. Seuls 8 % pensent que l'intelligence émotionnelle peut être un facteur important[15].

Mais ce principe de réalité n'interpelle pas les directions. Pire, certaines élaborent des idéologies déconnectées du terrain et continuent d'exploiter la santé psychique de leurs salariés en se focalisant notamment sur la gestion des émotions. En l'espace de quelques années, le développement de l'intelligence artificielle a fait des facultés psychiques des travailleurs une mine d'or, puisqu'elles ne peuvent pas être automatisées par des machines. Pour séduire un client, attirer de nouvelles recrues performantes, il faut donc exploiter leur sensibilité et leur empathie et coller à la mode idéologique du moment. *« Aujourd'hui, on n'évalue plus les employés selon leur performance économique, mais selon des critères comportementaux »*, affirme Guila Clara Kessous, coach senior au sein du cabinet Turningpoint. Cette consultante est une personnalité incontournable du secteur. À l'université de Harvard – laboratoire expérimental de l'entreprise –, elle a travaillé plusieurs années auprès de l'Israélo-Américain Tal Ben-Shahar, enseignant, écrivain spécialisé dans le domaine de la psychologie positive et du leadership, auteur d'ouvrages dédiés aux sciences comportementales en entreprise, notamment *L'Apprentissage du bonheur*. Tal Ben-Shahar défend l'idée selon laquelle le bonheur et la santé psychique sont des *« soft kills »*, c'est-à-dire des compétences sur lesquelles les employeurs ont intérêt à capitaliser.

Chez Turningpoint, Guila Clara Kessous applique ces concepts en pratiquant régulièrement des tests de quotient émotionnel. Ses clients – les directions des ressources humaines de groupes cotés au CAC 40, en particulier dans le secteur du luxe – lui demandent d'y soumettre de hauts cadres dirigeants dans le cadre d'évaluations ou en amont d'une promotion. Appelé *« Hogan Assessment »*, ce test a pour visée de détecter les *« dérailleurs »*, c'est-à-dire ceux qui, faute de savoir résister à l'agressivité, à la manipulation, au stress extrême, pourraient à l'avenir gonfler les effectifs des employés en burn-out. *« Le* Hogan Development Survey *(HDS) décrit le côté obscur de la personnalité, c'est-à-dire les traits de caractère qui émergent dans des périodes de stress intense et qui peuvent détériorer les relations, endommager une réputation et entamer les chances de succès des individus. En évaluant le côté obscur [...], vous pouvez reconnaître et nuancer les risques de performance avant qu'ils ne deviennent un problème »*, détaille sur son site internet la société Hogan, qui a créé ce test[16]. Guila Clara Kessous assure que les entreprises sont obligées de réaliser de tels audits : *« Pour elles, c'est une question de survie économique. Elles se prémunissent des risques psychosociaux en identifiant à l'avance ceux qui sont susceptibles de craquer. »*

Le *Hogan Assessment* se pratique toujours selon le même processus. Dans un jeu de rôle, un consultant soumet le collaborateur au stress en adoptant un comportement agressif ou manipulateur. Puis il évalue la réaction du salarié-cobaye : *« Il y a plusieurs catégories possibles : l'agressif, le renfermé, le peureux »*, énumère Guila Clara Kessous. Selon elle, d'autres cabinets de conseil en ressources humaines, tels qu'Awair et Authentic Talent, délivrent des prestations similaires.

Cette tendance s'ancre, une fois de plus, dans une théorie managériale idéologique anglo-saxonne. Elle est à mettre en perspective avec l'ouvrage phare de développement personnel, *Le Test de résistance, comment la pression peut vous renforcer*, écrit par Ian Robertson, psychologue clinicien et neuroscientifique, également auteur de *Mind Sculpture*, *The Mind's Eye* ou encore de *The Winner Effect*.

Son ouvrage préconise d'introduire du stress dans les entreprises pour fortifier les employés psychiquement. Le psychologue explique que la tension permettrait à chacun de trouver en lui la clef pour surmonter ses difficultés et performer. Il revisite à sa façon la citation du philosophe Nietzsche dans son œuvre *Le Crépuscule des idoles* : « *Ce qui ne vous tue pas vous rend plus fort* », et en fait une règle de résilience à des fins de productivité accrue[17]. Il détourne également les travaux du médecin et endocrinologue québécois Hans Selye, pionnier des études sur le stress. Le chercheur avait expliqué qu'il était possible de rendre positif le stress et que l'organisme pouvait trouver un équilibre à la suite d'un traumatisme. Pour des raisons économiques, certains théoriciens revisitent donc la théorie de la résilience et insinuent qu'un salarié sous pression pourrait convertir cette tension en source d'énergie pour une meilleure rentabilité.

Paradoxalement, cette théorie de la résilience s'impose dans un contexte de forte sélection des salariés. Or, ces évaluations de personnalité et les tris qui s'ensuivent pénalisent in fine les anciens enfants maltraités, ceux, plus généralement, qui ont grandi dans un milieu défavorisé.

Dans les prochaines années, des salariés en viendront-ils à noter leur profil « haut potentiel intellectuel », « haut potentiel émotionnel » ou encore « hypersensible » sur leur curriculum vitae pour être recrutés ? Les certificats médicaux des psychologues pourront-ils remplacer les diplômes de grandes écoles ? En 2018, Alexandre Pachulski, cofondateur de Talentsoft, prédisait la catégorisation des salariés selon les profils hauts potentiels intellectuels[18]. Dans un monde où le comportement remplace la compétence, cette fiction est déjà une réalité. *« Les technologies évoluent très vite, les compétences sont obsolètes rapidement. Et, pour couronner le tout, depuis deux ans, la crise sanitaire a accéléré les transformations dans les modes de travail, sur le marché de l'emploi et du recrutement. Dans ce contexte changeant et compliqué, les profils HPI ou surdoués deviennent des atouts incontournables dans la stratégie des entreprises »*, écrit sur son site internet l'équipe du cabinet de recrutement GetPro[19]. Ces chasseurs de têtes détaillent ensuite les tests d'évaluation qui permettent, lors d'un entretien d'embauche, de dénicher ces profils jugés supérieurs, notamment *« le test d'évaluation SOSIE, le PAPI, le Big Five »*. En France, le petit cabinet de recrutement Agence131 met déjà en relation des candidats diagnostiqués surdoués et des entreprises à la recherche de ces profils atypiques. Une autre agence, Variations RH, propose à ses clients de recruter des employés HPI et HPE, *« talents rapides, innovants, disruptifs, créatifs, sensibles »*, etc. Les certificats de quotient intellectuel supérieur auront-ils bientôt plus de valeur que les diplômes ?

Au sein de certains groupes, notamment les filiales de groupes anglo-saxons, les entretiens d'embauche sont l'occasion de tests émotionnels déterminants pour la prise de décision des employeurs. Des logiciels tels qu'Easyrecrue, l'agent virtuel Vera ou encore Smart Ranking et HireVue décryptent les expressions faciales du candidat, les variations de sa voix ainsi que le vocabulaire utilisé, pour le noter sur la gestion de ses émotions. Franca Salis-Madinier, secrétaire nationale de la CFDT Cadres[20] et auteure de l'ouvrage *Le Guide de l'intelligence artificielle au travail. Vos droits face aux algorithmes*[21], alerte sur ce phénomène : *« Les évaluations réalisées par ces intelligences artificielles ne présument pas forcément de la compétence du candidat. Elles ne s'appuient pas sur des fondements scientifiques. »* La CFDT milite pour l'interdiction de ces pratiques en France. Pour le moment, aucune législation ne régule leur utilisation. Poussée à son paroxysme, la sélection comportementale des salariés nous plonge dans un monde glaçant.

Les meilleurs étalons

Dans les multinationales, les cadres jugés supérieurs sont appelés *« hauts potentiels »*, mais pour le moment, cette dénomination n'a pas de lien avec les diagnostics de haut potentiel intellectuel ou émotionnel. En revanche, la sélection de ces collaborateurs se fait notamment sur les critères du comportement et de la loyauté vis-à-vis de l'entreprise : *« Les hauts potentiels sont plutôt jeunes [...]. Cette génération [...] possède de grandes capacités d'adaptation, est plus internationale, cherche la maximisation sur plusieurs axes (confort privé, argent, prestige, compétences...) et surtout, elle n'a pas d'états d'âme ni d'attaches »*, détaille sur son site internet M&BD

Consulting, un cabinet de conseil stratégique, spécialisé dans la sélection de ces profils, basé à Lausanne, en Suisse[22].

Le salarié haut potentiel a un QI élevé, mais aussi un quotient émotionnel performant. Il est sélectionné pour sa capacité à parfaitement contrôler ses émotions, ou alors, à ne pas en avoir du tout : « *Les hauts cadres dirigeants doivent être aptes à licencier du personnel et donc, être hermétiques aux pressions extérieures* », précise Guila Clara Kessous, la coach senior chez Turningpoint.

La revue américaine *Harvard Business Review* (HBR), éditée par une maison d'édition appartenant à l'école de management de Harvard, présente le profil de ces leaders augmentés : « *Le défi du leader de demain sera triple. Il devra conduire les changements organisationnels et culturels engendrés par l'IA, organiser la collaboration homme-machine et accélérer le développement de nouvelles compétences émotionnelles et cognitives afin d'ajouter de la valeur aux tâches automatisées. Pour cela, au lieu de les refouler ou de les compartimenter, il lui faudra savoir combiner trois formes d'intelligence [...] dont les sept qualités sont conscience et acceptation de soi, flexibilité psychologique et cognitive, sens critique et discernement, attention et sensibilité sociale, empathie et compassion, authenticité et humilité et conscience sociétale*[23]. »

Cette vision eugéniste promue par les chercheurs anglo-saxons de Harvard est diffusée en France par le biais de cabinets de conseil. Elle s'inscrit dans le contexte de la révolution technologique. L'Oréal, archétype de la multinationale française, n'hésite pas à citer l'adjectif « augmenté » pour évoquer l'entreprise du futur. « *Nous ressortirons de cette crise* [le Covid-19] *renforcés, plus créatifs, plus solidaires et augmentés grâce aux nouvelles technologies* », déclare ainsi

Barbara Lavernos, directrice générale adjointe du groupe, dans le rapport IBM 2020-2021[24]. Le haut potentiel doit également être un informaticien pointu, un professionnel des chiffres, de la data, des logiciels, des algorithmes.

Les meilleurs étalons doivent, en outre, être performants sur le plan social, même s'ils font de la casse autour d'eux. « *Souvent, quand il y a un problème avec une personne toxique, si elle est performante, on la laisse en place et on préfère se séparer des victimes* », souligne à leur propos Mᵉ Guillaume Boulan, avocat associé au département droit social du cabinet CRTD & Associés, dans les Hauts-de-Seine[25].

On pourrait croire, en France, que le haut potentiel est issu des écoles de commerce françaises, calibrées, depuis des années, pour attirer les meilleurs. En réalité, il est souvent issu de l'élite mondialisée. Il va là où l'attend le succès – dans une capitale européenne, aux États-Unis ou en Asie. L'Oréal France, par exemple, compte un tiers de collaborateurs étrangers, avec plus de 90 nationalités rien qu'au siège de Clichy[26].

Julien Fayet, cofondateur de Schoolab, l'incubateur de start-up situé au cœur de Paris, pose un regard distancié sur les salariés catégorisés « haut potentiel » d'entreprises du CAC 40 (notamment L'Oréal, BNP Paribas ou TF1) qui sont envoyés tels des pensionnaires chez Schoolab, pour développer leur sens de l'innovation et leur créativité. Après avoir travaillé dans des entreprises de la Silicon Valley, l'entrepreneur est conscient des dérives idéologiques des grands groupes américains comme Google et Apple. Il perçoit la tentation, chez les dirigeants du CAC 40, de calquer leur mode de management sur celui de ces géants des nouvelles technologies.

Nous le rencontrons en janvier 2020 dans la buvette de

son incubateur. Il lance un « bonjour » spontané et naturel à tous ceux qu'il croise. *« Les profils des hauts potentiels du CAC 40 ont tous entre vingt et trente ans. Nous ne voyons aucun senior »*, débute-t-il, songeur[27]. Cette homogénéité le chiffonne. Il n'est pas un partisan du jeunisme et croit en une forme de diversité des profils de tous âges et milieux sociaux pour développer un bon sens de l'innovation. Les cadres qui lui sont envoyés par les directions des entreprises du CAC 40 l'étonnent par leur profil identique. *« Ils sont formatés. Lorsqu'on les voit arriver en groupe, ils me font penser à des armées mexicaines. Il faut du temps avant que ces personnes retrouvent une dimension humaine. »* L'empathie de ces professionnels, sélectionnés également pour leurs compétences sociales, serait-elle purement factice, réservée à un monde de l'entre-soi ?

À force de correspondre aux prototypes souhaités par le système, certains pourraient être déconnectés du réel.

6

DRH : responsables ou coupables ?

1er juillet 2022. Le procès en appel des dirigeants de France Télécom vient de s'achever. Pour la première fois, la responsabilité des DRH dans une affaire de harcèlement moral a été abordée. Durant des semaines, Me Solange Doumic a défendu Guy-Patrick Cherouvrier, le DRH France – positionné en dessous d'Olivier Barberot, le DRH monde –, il a écopé de quatre mois avec sursis à titre de *« complice de harcèlement moral »*. Pour son client, l'avocate a fait appel et espère une relaxe.

Lors du procès de mai 2019, en première instance, François Cochet, directeur des activités Santé au travail chez Secafi et auteur d'un rapport sur le désarroi des cadres de France Télécom, a assuré que les deux dirigeants des ressources humaines étaient prévenus explicitement d'un risque de suicide au sein des équipes. Il a en outre avancé que les deux dirigeants lui auraient reproché l'écriture de ce rapport. *« Guy-Patrick Cherouvrier, ex-DRH France de France Télécom, nous a dit : "Passé 40 ans, quand on se réveille le matin, si on n'a pas mal quelque part, c'est qu'on est mort." Finalement, notre description était pour eux le signe que leur projet avançait bien puisqu'ils voulaient que les gens partent d'eux-mêmes. Je peux donc témoigner que les dirigeants de France Télécom étaient prévenus explicitement d'un risque de suicide et qu'ils n'ont pas voulu en tenir compte* », a-t-il déclaré à la barre.

Au lendemain du procès en appel, au téléphone, Me Solange Doumic donne un tout autre son de cloche au sujet de son client : « *C'est un homme très intègre et attentif à ce qu'il pouvait faire pour mettre en place des outils de formation dans la période de crise. Il était soucieux de l'accompagnement des salariés. Il s'est posé des questions sur la meilleure façon d'agir, dans un contexte de mutation technologique.* » Puis l'avocate met l'accent sur le contexte dans lequel ces mutations se sont opérées chez France Télécom : « *Le changement technologique auquel le groupe était confronté était ultrarapide, avec une bascule du fixe au portable, réalisé sur trois ans. Ce phénomène a généré une exigence de rapidité.* » Et de confier ses pensées d'avocate : « *J'ai passé mon temps à me demander ce qu'ils auraient dû faire. Auraient-ils dû fermer l'entreprise et mettre à la porte 100 000 salariés*[1] ? » Son client a été relaxé en appel en mai 2022.

Au sein du cabinet Topics, au cœur du XVIIe arrondissement de Paris, Bruno Mettling s'est longuement posé la même question. Avant de fonder ce cabinet de conseil d'experts RH, le dirigeant des ressources humaines a pris les rênes de France Télécom en 2010, juste après la crise sociale. « *J'ai réalisé que le dysfonctionnement chez France Télécom était d'abord de l'ordre de la gouvernance. Les directions des ressources humaines avaient un rôle d'exécutant, alors qu'elles auraient dû prendre part à la stratégie* », analyse-t-il. Et de poursuivre : « *Dans notre tradition de capitalisme social et rhénan, les ressources humaines sont un pôle aussi important que celui de la finance, mais la culture anglo-saxonne influe sur la gouvernance et fait de cette fonction des exécutants.* » Pour le professionnel chevronné, cette fonction est pourtant un garde-fou aux politiques financières de court terme. *« Lorsque vous managez des hommes, vous êtes obligé de voir à long terme, sinon, vous menez votre groupe droit dans le mur. »*

Un silence assourdissant

Avant ce procès hors norme, le silence entourant la responsabilité des dirigeants des ressources humaines était assourdissant. Dans la profession, beaucoup refusent encore de s'exprimer sur cette question. Contactée à maintes reprises par mail, sur les réseaux sociaux et par téléphone, l'Association nationale des directeurs des ressources humaines (ANDRH) n'a jamais répondu à nos sollicitations sur le sujet. La responsabilité serait-elle un gros mot chez ces dirigeants ? *« Cela ne m'étonne pas que vous soyez confrontée à de multiples refus, ce sujet est un tabou chez beaucoup de confrères »*, confirme Constance, quarante ans, ex-responsable des ressources humaines au sein d'une filiale d'Air Liquide[2]. *« Aujourd'hui, les gens préfèrent subir, plutôt que de dénoncer les pratiques de management brutales »*, souffle cette cadre. *« La question qui se pose est celle de la loyauté. Il faut se demander si nous sommes loyaux d'abord vis-à-vis de l'organisation ou des personnes qui nous entourent. Nos dirigeants peuvent donner un cap, mais ils peuvent se planter.* »

Constance en sait quelque chose. Lors d'une précédente expérience professionnelle, elle a été confrontée à une demande d'augmentation salariale du P-DG de 50 %, alors que la totalité des salariés étaient très peu payés. Ayant refusé de céder, elle a subi un « *harcèlement moral* », avant que le dirigeant ne sollicite son conseil d'administration. « *Ses membres ont validé sa demande sans se poser de questions* », s'insurge la cadre. D'autres qu'elle se seraient pliés à cette requête.

Outre les pressions des dirigeants, il faut également résister à celles des managers, parfois peu au fait du droit du travail ou tout simplement peu soucieux des conséquences humaines de leurs actions. Philippe, la cinquantaine, a vécu à plusieurs reprises cette situation dans des filiales de groupes anglo-saxons. Il confie avoir régulièrement évincé des femmes à leur retour de congé maternité, sur la demande de managers qui redoutaient de voir la performance de leur équipe diminuer. « *Certains responsables d'équipe évoluent sur un jeu d'échecs. Leur but est d'atteindre leurs objectifs à tout prix et tant pis s'ils font de la casse* », soupire-t-il. À force de ne plus se poser de questions et d'appliquer machinalement les demandes des uns et des autres, il s'est habitué à exécuter des pratiques contraires au droit du travail.

Aujourd'hui, alors qu'il approche de l'âge de la retraite, il s'interroge. Aurait-il pu s'opposer à ces demandes de licenciements abusifs ? À bien y réfléchir, Philippe reconnaît que mettre dehors des jeunes mères compétentes, c'est

« *moche* ». Mais en même temps, il se blinde en disant : « *Toujours embauché pour des missions courtes, mon travail était précaire. Je ne me voyais pas acquérir une mauvaise réputation dans le milieu. Si ce n'était pas moi qui faisais le sale boulot, cela aurait été un autre.* »

7

L'infantilisation organisée

Sommé d'adapter son comportement aux valeurs de son entreprise, de se développer physiquement et psychiquement pour être performant, modelé comme un produit de consommation, soumis à un ensemble de capteurs de mesures de sa santé et de son taux de bonheur, le salarié perd une part de son discernement. Dans certains groupes, tout est d'ailleurs fait pour l'assimiler à un grand enfant, par l'intermédiaire de séminaires aux thématiques surprenantes.

Citons-en pour preuve les activités proposées par les filiales françaises de groupes anglo-saxons. Dans les locaux d'Amazon Web Services, au cœur de La Défense, les nouvelles recrues doivent plonger leurs mains dans la peinture et les plaquer sur le mur comme à la crèche. Ensuite, on leur demande de dessiner leur animal préféré. Certains retrouvent un peu de dignité en griffonnant une licorne – le symbole des jeunes pousses florissantes. Mais les autres dessinent un chien, un chat, un lapin de la même façon que les petits en maternelle. Contactée, la direction affirme que le dispositif pour les nouveaux embauchés est « *facultatif* » et qu'il n'y a pas de volonté d'« *infantilisation* » de la part du groupe. Toujours chez Amazon, dans la filiale France cette fois, en 2019, une école interne a été créée. Elle ressemble plus à un centre de loisirs qu'à un espace de formation. Auprès de *Challenges*, la directrice des ressources humaines de la branche logistique présente le programme, dédié à « *l'engagement des salariés* » : « journées nez rouge », chasses aux œufs, journées massage, spectacles de magie, etc.[1]

Chez Danone, en 2010, alors que la direction mettait en place les formations liées aux valeurs HOPE – humanisme, ouverture, proximité et enthousiasme –, les commerciaux de l'entité Eaux se sont tous rendus dans le parc d'attraction de Disneyland Paris pour un séminaire. « *Le soir, nous étions tous invités dans le restaurant de l'attraction "Peter Pan", privatisé pour l'occasion. Le but était, officiellement, de nous "faire grandir"* », s'agace Antoine Chaignot, ancien cadre commercial. Âgé de plus de cinquante ans, ce père de famille avait perçu la dimension humiliante d'un tel processus – il ne savait pas, à ce moment-là, qu'il serait poussé à demander une rupture conventionnelle en 2020, sous prétexte qu'il n'incarnait pas – ou plus – les valeurs de Danone.

Et que dire de ces entreprises qui utilisent des contes pour enfants comme bases de formation pour les équipes ? En 2020, sur LinkedIn, une consultante raconte comment elle a mis en place une formation pour des commerciaux du groupe agroalimentaire Ferrero sur la thématique du… *Petit Chaperon rouge*, les employés étant comparés à des enfants en cape rouge[2]. Chez Linkbynet, une filiale de l'entreprise de conseil Accenture basée à Saint-Denis, des dirigeants n'ont pas hésité à aménager l'espace sur le modèle d'une école primaire. Les employés ont droit, en guise d'ascenseur, à un toboggan.

Côté face, ces offres sous-tendent plusieurs obligations :

la créativité, la docilité, et l'injonction au bonheur. Les salariés n'ont pas voix au chapitre. Ces offres leur sont, la plupart du temps, imposées. 46 % se disent parfois infantilisés par leur hiérarchie[3].

Traités comme des enfants, ils ne sont plus en position de négocier pour obtenir des conditions de travail dignes ou encore diminuer leur charge de travail. De plus, parfois, ils perdent leur discernement après avoir assimilé leur entreprise à leur famille. *« À l'embauche, mon chef ne sélectionnait que des jeunes provinciaux. Il les faisait monter à Paris. Une fois dans l'entreprise, ces derniers étaient conviés toutes les semaines à des petits-déjeuners et des apéritifs du soir. Finalement, ils ne faisaient que travailler. Mais ils ne s'en rendaient pas compte, car leur vie sociale tournait autour de l'entreprise »*, rapporte Florence, l'ex-recruteuse d'un cabinet parisien. *« Des couples se formaient. Ces derniers avaient l'impression d'évoluer dans une grande famille. »*

Parfois, le cadre ne réalise qu'a posteriori la relation de loyauté unilatérale dans laquelle il était empêtré. Une collaboratrice de Google lâche, désabusée : *« J'ai complètement adhéré au rêve de #Google [...]. La société a anticipé tous nos besoins [...]. Mon manager se sentait comme le père que j'aurais aimé avoir[4]. »* En avril 2021, elle et d'autres salariés de Google ont pourtant dénoncé des dérives managériales au sein de l'entreprise. *« Dans certaines structures où le management est nocif, la direction a pour seul objectif la domination de l'employé. Dans mon enquête précédant le procès France Télécom, j'ai perçu comment la culture du jeu se traduisait par une plus grande soumission des cadres »*, explique le psychiatre Christophe Dejours[5].

De fait, lorsque advient la guerre économique, lorsque le

groupe est racheté par de nouveaux investisseurs ou qu'il fait l'objet d'une fusion, lorsque le salarié n'est plus considéré comme « employable » par ses managers, il se sent acculé. Lorsqu'il est convoqué pour accepter une rupture conventionnelle ou être licencié, il est dans un état de sidération.

Marie-Odile, la trentaine, ancienne de l'équipe *« Order Management »* de Nokia France raconte avoir été sous le choc lorsque son entreprise a été démantelée[6]. Souvenons-nous, en 2016, l'entreprise finlandaise Nokia achetait Alcatel-Lucent. À la suite de cette acquisition, Nokia a enchaîné les plans sociaux dans l'ancien fleuron technologique français.

Pour Marie-Odile, le fossé entre la politique d'entreprise et la violence de cette opération financière a généré un traumatisme. *« Psychologiquement, je n'étais pas libre. Je m'étais attachée à cette entreprise dans laquelle je vivais depuis quatre ans. Nous avions un super comité d'entreprise, un bar où nous pouvions nous faire masser. Cet univers nous faisait rêver. Et du jour au lendemain, nous avons basculé dans le cauchemar »*, se souvient cette mère de deux enfants, en buvant un cappuccino dans une brasserie près de la gare Saint-Lazare, à Paris, un soir de janvier 2021. *« En l'espace de quelques jours, toutes les équipes ont disparu. Cela a commencé par les Finlandais. Ensuite, il y a eu les Allemands. À la fin, j'envoyais des mails et plus personne ne répondait. Nous, les Français, étions les derniers à rester, car le droit ne permettait pas de licencier aussi vite qu'ailleurs. »*

Se remémorer cet épisode fait resurgir en elle de la peur : *« Nous sommes morts à petit feu. Nous savions que nos postes seraient externalisés par Accenture, en Pologne. Ma dernière mission, c'était d'optimiser les ventes par pays avant d'être moi-même virée.* » Conditionnée pour aimer son entreprise, anesthésiée par les installations de bien-être, Marie-Odile a été prise dans un mécanisme pervers. « *Ainsi, lorsque j'ai été contrainte à quitter l'entreprise, je me suis sentie ensuite incapable d'intégrer une autre structure. J'ai réalisé que je n'avais été formée que par Nokia, pour Nokia. Je ne pouvais pas me recycler ailleurs.* » Elle s'empresse néanmoins de tempérer ses propos : « *Mais je pense que ce formatage n'était pas conscient de la part des managers, ils ne se sont pas rendu compte qu'ils étaient allés trop loin.* »

Lorsque les entreprises sont le théâtre de réorganisations permanentes, que le turn-over donne le tournis, pourquoi donner l'illusion aux salariés qu'ils appartiennent à une entreprise qui serait une vraie famille ?

8

McKinsey, ou le comité central du mondialisme

Franchissons le seuil de la grande salle de réunion de l'hôtel Ermitage à Évian – un établissement qui appartient au groupe Danone. Nous sommes en 2020. Autour de la table, Emmanuel Faber, le patron de l'époque – connu pour son engagement en faveur de la justice sociale –, et son conseil d'administration dressent le bilan de la pandémie du Covid-19. Dans l'immédiat, les résultats sont mauvais. Sur le long terme, ils pourraient s'améliorer mais les actionnaires sont pressés. Danone voit son chiffre d'affaires 2020 se réduire à 23,6 milliards d'euros, contre 25,3 milliards un an plus tôt. En parallèle, l'action Danone chute à 47 euros le 30 octobre 2020, alors qu'elle était montée à plus de 80 euros le 9 juin 2019.

Au bout de quelques heures, la décision est prise. Pour Danone, ce sera un plan d'austérité avec 1 milliard d'économies, au terme de 2 000 départs dans le monde, sur un total de 100 000 salariés, et 400 en France. Le plan social s'appelle Local First. Comme pour les tempêtes, on affuble les plans sociaux de petits noms censés en atténuer la nocivité.

C'est à ce stade précis du processus que le cabinet de conseil en stratégie McKinsey entre en scène et prend le relais de la direction. « *Cette mission était exclusivement du niveau du comité exécutif et archiconfidentielle* », glisse un ancien cadre du groupe, dont les propos sont relayés par le portail de conseil en stratégie Consultor[1]. Pour mener cette opération, les consultants externes sont de bons interlocuteurs, en tant qu'experts de l'agilité et de la performance. Contactée par nos soins, une ancienne directrice des ressources humaines d'une branche de Danone critique la façon dont cette mission a été mise en place : « *La direction voulait que notre entreprise soit au même niveau de rentabilité que son concurrent Nestlé. Pour y arriver, elle a mis en place ce plan social. Les consultants de McKinsey ont calqué l'organigramme de Danone sur celui de Nestlé, sans aucune prise en compte de l'ADN particulier du groupe*[2]. »

Lors de leurs interventions, ces consultants ont donc formaté une nouvelle organisation. En modifiant l'arborescence de la hiérarchie, ils se sont attachés à une vision exclusivement gestionnaire du travail. Ils ne se sont pas intéressés à l'impact de ces changements sur les collaborateurs.

Cette mission de McKinsey chez Danone illustre une tendance générale chez les consultants de cabinets de conseil en stratégie : « *Les organisations sont appréhendées comme des robots, qu'il conviendrait de réparer. Les dimensions politiques, sociales, culturelles tendent à être occultées*[3] », analyse un ancien de McKinsey dans les pages de *Marianne*. Thomas, un ancien de Bain & Company, poursuit : « *Les cabinets de conseil, c'est normé. Tous les consultants sont substituables. Ils ont le même cadre d'analyse*[4]. »

Dans le top trois des cabinets de conseil en stratégie – Boston Consulting Group (BCG), McKinsey et Bain –, la majorité des consultants sont formés par les meilleures écoles de commerce françaises. En assimilant tous les principes idéologiques de la performance financière, ils évoluent dans la sphère des planificateurs. « *Lorsqu'on entre chez McKinsey, on se sent pousser des ailes. Cette émulation occulte la perception de l'impact que l'on peut avoir sur la réalité* », reconnaît l'ancien consultant du cabinet.

L'intervention des conseils en stratégie contribue à la dilution de toute responsabilité. Les consultants viennent pour des « missions ». Ils planifient à leur manière les stratégies décidées par les conseils d'administration et les patrons. Ils génèrent une forme de rupture entre les directions et les opérationnels. Ils dédouanent les directions générales de toute mauvaise conscience. Car, une fois leurs préconisations faites et leurs missions terminées, les consultants s'en vont, sans se préoccuper des conséquences humaines de leurs planifications et de leur entreprise de formatage.

« *Les consultants ne prennent aucun risque. Ce n'est jamais nous qui appuyons sur le bouton pour prendre les décisions business, c'est la direction générale qui décide des personnes à évincer de son organigramme. Notre job est de donner un estimatif de la* work force *du groupe et de changer les organigrammes pour établir les économies de postes demandées par la direction. Nous évaluons les niveaux de poste et combien ils coûtent. Cela permet de déterminer les économies possibles. En revanche, les plans sociaux que je propose sont toujours déclarés. Je ne fais pas de mission, personnellement, sur le* upper-out – *le terme désigné pour évoquer les évictions des salariés par pourcentage, en dehors des radars des plans sociaux* », témoigne Thomas, l'ancien de Bain. Et de poursuivre : *« Je n'ai aucun contact avec les dirigeants des ressources humaines et je ne sais pas comment, ensuite, ils disent aux gens de partir. Ce n'est pas notre cœur de métier à nous. »*

Ce phénomène fait l'objet d'une étude de l'historien Johann Chapoutot. En 2020, le chercheur publie un essai intitulé *Libres d'obéir*[5]. Il y raconte l'itinéraire de Reinhard Höhn, ancien juriste et technocrate nazi, devenu l'un des penseurs les plus influents du management moderne. Ce protégé d'Adolf Hitler crée une école de commerce sur le modèle de la Harvard Business School à Bad Harzburg en Basse-Saxe en 1956. Il y enseigne sa théorie : le management par « délégation de responsabilité ». Enseignée à 700 000 cadres et à 2 500 entreprises, elle est utilisée par de multiples firmes : Aldi, BMW, Ford, Bayer, Colgate, etc. En 1970, l'ancien nazi est repéré et évincé. Mais ses essais tels que *Le Pain quotidien du management* et sa théorie ont, selon Johann Chapoutot, influencé le management moderne.

Ce parallèle entre l'organisation planifiée de la surperformance capitaliste et celle de l'idéologie nazie est troublant. De fait, dans certaines entreprises, l'intervention de consultants, venus pour des missions téléguidées par la direction, sans mesure de l'impact humain, a des conséquences parfois graves, même si elles sont sans rapport direct avec ce qu'il s'est passé en Allemagne.

Pour le comprendre, penchons-nous sur les missions de conseil commanditées par France Télécom quelques mois avant l'affaire des suicides. Un document[6] rédigé en 2007 rapporte comment on a introduit la *« culture du turn-over »* chez France Télécom : *« Parfois il faut supprimer les postes des gens qui ne sont pas assez proactifs. Il s'agit de "retirer la chaise" en mettant en déploiement* », recommandaient certains consultants aux managers. Toujours dans le même document, on apprend les astuces données à ces derniers lors des entretiens individuels pour introduire de l'instabilité et faire partir les cadres : « *Si vous ne disposez pas de raison particulière de catalyser les énergies autour d'un événement favorisant la mise en mouvement, parlez avec des si : "Si on fermait", "Si tu devais bouger".* » Ces consultants avaient-ils conscience des conséquences de leur intervention ?

Voilà de quoi s'interroger sur le sens de leur métier.

9

La langue, instrument de pouvoir

À l'ère du modèle du salarié empathique et bienveillant, les collaborateurs doivent se parler selon des termes élogieux, positifs et ce, même si les circonstances sont difficiles. Le psychiatre et psychanalyste Christophe Dejours, inventeur de la « *psychodynamique du travail* » – une analyse des processus psychiques mobilisés par le cadre –, est préoccupé par ce vocabulaire stéréotypé. *« Plus le cadre monte dans les strates du groupe, et plus il lui est enjoint d'adopter un langage particulier. Il apprend ce qu'il peut dire, mais également ce qu'il ne peut pas dire. Ce langage modèle sa façon de penser pour la rendre adéquate avec celle de son entreprise*[1]. »

En règle générale, l'idéologie des mots est une forme de prise de pouvoir. Ces expressions désincarnées de sentiments *corporate* rendent caduque toute pensée personnelle. Un phénomène prédit par George Orwell avec clairvoyance dans son roman *1984* : *« Ne voyez-vous pas que le véritable but du novlangue est de restreindre les limites de la pensée ? À la fin, nous rendrons littéralement impossible le crime par la pensée, car il n'y aura plus de mots pour l'exprimer [...]*[2]. »

Attablée au Starbucks de la gare Saint-Lazare en ce froid mois de janvier 2019, Eve, la trentaine, ancienne salariée de Microsoft rapporte : « *Nous ne parlions qu'en acronymes. Seuls les membres de notre groupe pouvaient comprendre ce que nous disions.* »

Est-ce donc un hasard si, de mai à juillet 2019, cette grammaire chiffrée, associée à la novlangue managériale, s'est trouvée au cœur du procès de France Télécom ? La procureure a régulièrement attaqué les termes utilisés dans les documents internes planifiant les plans de licenciement. Elle les qualifie d'« *écrits officiels verbeux, lourds, technocratiques, incompréhensibles parfois* », qui permettent « *de justifier n'importe quelle action délétère derrière des mots en apparence inoffensifs et bienveillants* ». Et d'en donner un exemple, parmi d'autres : « *L'objectif est de doper la fluidité.* » Elle poursuit en interpellant Didier Lombard, qui avait fait « *la promesse aux milieux financiers de 7 milliards d'euros de* cash-flow *en trois ans, parce que cette promesse exigeait de sortir de l'entreprise 22 000 personnes en trois ans, [...] parce que cette déstabilisation s'inscrivait bien au-delà du pouvoir normal de direction, parce qu'enfin cette obsession du départ de 22 000 salariés et de 10 000 mobilités est devenue le cœur de métier des dirigeants de France Télécom*[3]. »

Au sein du groupe Orpea, pointé du doigt par le journaliste Victor Castanet[4] pour maltraitance de personnes âgées, on observe la même novlangue. Et la même question se pose : qui est responsable ? Comme chez France Télécom, au siège, le langage est désincarné. Les hauts cadres ne parlent pas de licenciements, mais « *d'optimisation de la masse salariale* ». Les tableurs Excel sont désignés par des acronymes. Les chiffres semblent avoir remplacé les mots. Comme chez France Télécom, de petites phrases lapidaires sont rapportées. *« On fait du parcage de vieux ! »* aurait déclaré le P-DG d'Orpea, le Dr Jean-Claude Marian, selon un ancien membre de la direction.

Cette déliquescence du langage est d'autant plus préoccupante qu'elle contamine aujourd'hui les structures publiques. Sous la présidence d'Emmanuel Macron, les cabinets de conseil américains BCG, Bain et McKinsey ont été au cœur du gouvernement. 28 contrats ont été signés entre mars 2020 et janvier 2021 pour un total de 11,35 millions d'euros avec sept cabinets de conseil dans le cadre de la gestion de la crise sanitaire. Ces cabinets de conseil ont ainsi exporté leur novlangue. Dans *Le Figaro* du 15 février 2022, Hélène Carrère d'Encausse tire la sonnette d'alarme en particulier sur le franglais : *« Cela montre une fracture entre une frange des élites représentant la "start-up nation" et le reste de la société*[5]. »

Qui en est conscient chez nous ?

10

Contrer l'hégémonie anglo-saxonne

Qu'est-il arrivé à notre pays pour qu'il renie ses valeurs et assimile celles des pays anglo-saxons ? La plupart des idéologies détaillées au fil de cette enquête sont théorisées par des enseignants de Harvard, dans le Massachusetts, aux États-Unis. Les entreprises françaises absorbent ces idéologies sans aucun discernement. Pourquoi nos dirigeants sont-ils à ce point fascinés par le soi-disant modèle américain ?

Pour le comprendre, revenons à la décennie des années 1990. En France, les dirigeants ont le choix entre deux voies managériales. D'un côté, le modèle économique social allemand, basé sur l'équilibre des pouvoirs entre les salariés et les actionnaires, ancré dans les territoires et financé par des banques locales. De l'autre, le mythe de la mondialisation et l'empire des marchés financiers, exporté par les grands cabinets de stratégie BCG, McKinsey ou Bain.

Au début des années 1990, les dirigeants français tournent les yeux, hypnotisés, vers les États-Unis. Un économiste français, Michel Albert, tente pourtant de tirer la sonnette d'alarme. Dans un ouvrage phare, intitulé *Capitalisme contre capitalisme*[1], publié aux Éditions du Seuil, il confronte le capitalisme individualiste anglo-saxon au modèle collectif allemand. Il le martèle : l'avenir de la société dépend de ce choix majeur entre ces deux modèles. Mais la prise de conscience attendue n'a pas lieu. Trente ans plus tard, le constat est sans appel. *« La France paye aujourd'hui le choix qu'elle a fait : les délocalisations d'usines, l'accroissement du chômage, l'endettement, la fuite des cerveaux, la montée du populisme en constituent, en quelque sorte, la facture »*, dénonçait dans *Les Échos*, en 2012, l'économiste Jean-Louis Guigou[2], président du think-tank l'Institut de prospective économique du monde méditerranéen (IPEMED).

Les cabinets anglo-saxons ont intégré toutes les idéologies des théoriciens de l'économie financiarisée. En ouvrant un bureau à Paris dès 1964, McKinsey s'est mis à conseiller les groupes français et à les influencer dans leur politique de management. BCG s'est à son tour installé à Paris en 1973, suivi de Bain quelque dix ans plus tard, en 1985. Ses consultants sont aujourd'hui omniprésents dans les entreprises françaises.

Progressivement, la stratégie anglo-saxonne a fait sauter toutes les digues dans la majorité des groupes.

Le modèle rhénan s'ancre dans une vision sociale et démocratique, beaucoup plus proche de notre système. En 2002, Michel Albert relevait les différences très concrètes entre les deux capitalismes : *« J'ai découvert le modèle rhénan en 1990 le jour où les AGF*[3] [Assurances générales de France] *ont pris 35 % de la deuxième compagnie d'assurances allemande AMB* [Aachener und Münchener Beteiligungs]. *Je garde en mémoire mon entrée dans la salle du conseil de surveillance. Il y avait une immense table rectangulaire avec vingt-quatre chaises, douze pour les représentants des actionnaires et douze pour les représentants des salariés. Parmi ces derniers, il y avait trois représentants syndicaux permanents, spécialisés dans les questions d'assurance. Ils étaient ultracompétents. Je vous jure que pour un Français, c'est très impressionnant. Dans certaines entreprises, souvent les anciennes entreprises publiques, il y avait un ou deux représentants des employés. Mais pas la moitié du conseil ! Et puis le comportement du P-DG français à l'égard des administrateurs salariés était imprégné d'une extrême prudence. Bien souvent il y avait une réunion secrète avant le conseil. Les interventions des syndicalistes étaient souvent écrites à l'avance. C'était un jeu faux. En Allemagne, c'était un jeu vrai. On discutait des vraies questions, on arrêtait vraiment le budget, on parlait de stratégie. Et ce n'était pas toujours consensuel contrairement à ce que l'on croit*[4]. » Voilà quelques-unes des bases d'un véritable dialogue social et d'une politique de la transparence.

Vente à la découpe !

Le sujet aurait pu être traité durant la campagne présidentielle de 2022, avec la candidature d'Arnaud Montebourg, l'ancien ministre de l'Économie, du Redressement productif et du Numérique du gouvernement de François Hollande. Lui avait imposé la question de la désindustrialisation dans le débat, comme une des principales causes du sentiment d'abandon de la classe moyenne. Au micro du journaliste Jean-Jacques Bourdin, sur RMC et BFM TV, le 12 novembre 2021, il détaillait : *« À chaque fois qu'il y a eu des ventes à l'étranger, il y a eu de gros chèques qui sont arrivés sur le compte bancaire des dirigeants. M. Kron, qui a vendu Alstom, a touché vingt millions d'euros. M. Combes a reçu treize millions d'euros quand il a vendu Alcatel. M. Pilenko, quand il a vendu Technip – ce sont quand même les brevets de l'Institut français du pétrole du général de Gaulle –, je crois que c'était neuf millions.* » De fait, lorsque les entreprises sont vendues et démantelées, les salariés sont des variables d'ajustement, qui fluctuent au gré des plans de licenciement. Malheureusement, Arnaud Montebourg ayant retiré sa candidature, faute d'écho, la question n'a pas été débattue en profondeur. Pourtant, la souffrance au travail, le sentiment d'abandon des classes moyennes en raison de la désindustrialisation sont des sujets centraux, qui devraient être au centre du débat public.

Aussi, aujourd'hui, quelques anciens industriels français soupirent d'envie en regardant vers l'Allemagne. Ce capitalisme-là garantit une forme de paix sociale. Pour Jean-Dominique Senard, la prise de conscience date de la crise des Gilets jaunes. Il analyse cet épisode comme une « *montée diffuse des populismes* », ce qui l'inquiète. « *L'entreprise est mise à mal par des anticapitalistes* », explique-t-il de sa voix lente, « *mais ces derniers n'ont pas d'autres modèles à présenter*[5] ». Le président de Renault envisage une grande coalition entre patrons français et allemands, dans le cadre de l'Institut Montaigne, dont Jean-Dominique Senard est le vice-président, pour dessiner une culture commune sociale. Seulement, lorsqu'on lui demande quels moyens prendre, il reste évasif, tant ce projet semble complexe à réaliser.

Jean-Dominique Senard insiste pourtant : « *Il faut créer une alliance avec les patrons allemands pour définir les règles d'un capitalisme responsable.* » Il est temps que l'Europe prenne son indépendance vis-à-vis des États-Unis et assume son héritage social. Au sein du très libéral Institut Montaigne, les dirigeants ont commencé à prendre conscience de l'urgence de résister au modèle américain. Dans le rapport du think-tank sur le capitalisme responsable, publié juste avant notre rencontre avec le dirigeant de Renault, on trouve toute une série de mesures : « *Pour ce qui concerne l'information extrafinancière, c'est-à-dire celle qui décrit le rapport de l'entreprise à la société et à l'environnement, il s'agit de construire un cadre normatif européen conforme aux enjeux et aux valeurs européens. Faute de quoi s'imposeront définitivement aux entreprises européennes non seulement le cadre conceptuel financier américain mais également les valeurs sociales et sociétales américaines*[6]. » Le système économique allemand fait également rêver Henri Lachmann, l'ancien P-DG de Schneider Electric. « *Les entrepreneurs allemands savent chasser en meute. Grandes entreprises et moyennes sociétés sont solidaires* », affirmait-il déjà en 2010[7].

Pour comprendre les piliers fondateurs des entreprises germaniques, il faut lire Bertrand Nouel et Philippe François : « *Le capitalisme rhénan est un libéralisme d'économie de marché, reposant sur un capital traditionnellement allemand, voire familial, relativement peu ouvert aux capitaux étrangers. Mais c'est aussi un "ordo-libéralisme" très organisé mais non de façon étatique et centralisé. Enfin, c'est un modèle pragmatique où l'idéologie n'a pas sa place, et qui est très attentif au respect des grands équilibres économiques, en particulier budgétaires* », écrivent les deux auteurs dans un dossier de *Société civile*, la revue de l'Ifrap, consacré à l'Allemagne[8].

« *La force des entreprises allemandes est de miser sur le long terme*[9] », analyse de son côté Claude Martin, ex-ambassadeur de France en Allemagne. Le modèle est ancré dans les territoires. Il est – initialement – soutenu par un réseau de banques régionales. Ses chefs d'entreprise sont en lien avec les élus locaux. Il valorise l'économie réelle et ne survalorise pas la dimension financière. Finalement, il est d'une modernité extrême. À l'époque des circuits courts et de la décentralisation avec le télétravail, il a de quoi séduire les Français. « *Pour réindustrialiser une France où l'État est pour une longue période affaibli, il faut promouvoir la décentralisation. Cette aventure, qui ne peut mener qu'à un succès, nécessite de mobiliser des élus locaux qui ont fait leurs preuves et qui sont plébiscités par leurs citoyens, de soutenir les jeunes entrepreneurs talentueux et les entrepreneurs sociaux, et de rassembler les usagers qui redonnent vie à l'économie sociale et solidaire au sein de mutuelles et de coopératives*[10] », préconise l'économiste Jean-Louis Guigou. Là encore, la formation des élites allemande est un modèle, qui pourrait inspirer la France.

Aujourd'hui, le modèle allemand est toujours une référence, même s'il subit des tensions. « *Pendant des décennies, les entreprises, souvent familiales, ont piloté leur croissance toutes seules, avec le soutien précieux des banques. Aujourd'hui, les banques sont parties dans le décor, comme le montre l'exemple de la Deutsche Bank. Les entreprises ont ouvert leur capital, elles ont vendu des activités. Kuka appartenait autrefois à la famille Quandt qui possède BMW. Et Osram était la propriété d'une firme créée par une autre dynastie industrielle, Siemens. Désormais, nombre de PME allemandes sont industriellement solides mais capitalistique-*

ment fragiles[11] », nuance Dominique Seux dans *Les Échos*. Il n'empêche, les règles de gouvernance des entreprises allemandes ont permis de sauvegarder l'industrie outre-Rhin et d'assurer un réel dialogue social.

Il y a urgence à agir maintenant.

II

PATHOLOGIES

11

« La confiance n'exclut pas le contrôle[1] »

Durant la pandémie, des syndicats se sont inquiétés de nouvelles dérives dans l'infantilisation des salariés au sein de certaines entreprises : *« Des adhérents ont pour la première fois été confrontés à des demandes de surveillance de la part des directions »*, s'alarmait au printemps 2021 Éric Pérès, secrétaire de la branche Cadres de Force ouvrière. Le syndicaliste a reçu des alertes de collaborateurs ayant découvert *« des caméras sur le PC enclenchées sans que le salarié ne soit au courant et des traçages des écrits du clavier »*. Joseph Thouvenel, vice-président de la CFTC, abonde : *« Dans les PME, des patrons méconnaissent le Code du travail et utilisent des logiciels de surveillance via les impressions d'écran toutes les dix à quinze minutes. Ce phénomène est marginal. Mais il est nouveau*[2]. » Franca Salis-Madinier, secrétaire nationale de la CFDT Cadres, suit attentivement ces questions et s'en inquiète. *« Lors de la crise de la Covid-19, nous avons observé un intérêt 500 fois supérieur des employeurs pour les dispositifs qui mesurent la productivité des salariés. Certains sont tentés de déléguer des fonctions managériales à l'intelligence artificielle, afin de répartir les tâches sans intervention humaine, d'évaluer et de prévoir le potentiel et les performances des personnes dans les situations d'embauche et de licenciement*[3]. »

Faciliter les licenciements

Outre ce phénomène de contrôle accru, les cadres savent que leurs données informatiques peuvent être utilisées comme des outils de licenciement. Tout en exigeant de ses salariés une loyauté totale, l'employeur n'hésite pas à solliciter les services informatiques lorsqu'il s'agit d'évincer un collaborateur. Ce phénomène serait récurrent dans les petites et moyennes entreprises. *« Dans les petites structures, le chargé de l'informatique peut être plus facilement sollicité par le responsable des ressources humaines pour des demandes en dehors de son champ de travail. Et là, cela fait appel à la conscience du gars. Soit, il refuse, mais risque d'être mal vu. Soit, il accepte, et le tour est joué »*, rapporte Louis Vieille-Cessay, ingénieur informatique pour un éditeur de solutions[4]. *« Le danger est dans la tentation d'un dirigeant des ressources humaines qui veut contrôler la performance en entrant dans l'intimité des personnes, sans savoir ce qu'il fera par la suite de leurs données »*, confirme Éric Pérès de Force ouvrière[5].

La question est complexe, car elle se double d'un enjeu de cybersécurité : *« L'aspect RH est le mauvais génie des outils de sécurité informatique »*, déplore Louis Vieille-Cessay[6]. Depuis le confinement, grandes entreprises comme PME sont victimes d'assauts de pirates de plus en plus violents, qui paralysent les systèmes d'information et demandent des millions de *bitcoins* en rançon. Saint-Gobain, par exemple, a été victime d'une attaque d'ampleur en 2021.

Faire chanter les hauts cadres

Les procès prud'homaux mettent au jour la collecte des données informatiques sur le salarié comme un outil de sélection des futurs licenciés. *« Dans mon dernier dossier, j'ai la liste de tous les appels répertoriés par l'entreprise, cherchant à mettre en défaut son collaborateur »*, rapporte Odile Grandjean[7], ancienne conseillère aux prud'hommes de Paris. Jérôme Chemin, secrétaire général adjoint à la CFDT Cadres, fustige le tri systématique, dans certains groupes, réalisé sur la base des outils de surveillance : *« On ne dit pas comment on a eu l'information, mais après avoir récupéré des données sur le salarié au département informatique, on dit au concerné qu'il a "la tête ailleurs". Lorsqu'il s'agit d'écrémer 10 % de la masse salariale, les employeurs utilisent toutes les données sur les personnes. Absolument tout*[8]. »

Dans les grands groupes, on note des dérapages incontrôlés. Certains responsables de sécurité nouent des contrats occultes avec des sociétés d'espionnage. D'aucuns se retrouvent donc fichés, ou même filés dans le cas de hauts cadres. Chez Ikea France, entre 2009 et 2012, Jean-François Paris, cinquante-six ans, le « Monsieur Sécurité » de la filiale française, a orchestré une vaste opération de collecte illégale de données personnelles. L'homme a été jugé le 22 mars 2021 au tribunal judiciaire de Versailles, avec douze autres prévenus

Le recours à des sociétés d'espionnage peut également être motivé par des enjeux de réputation. En 2015 et 2016, LVMH a espionné François Ruffin, rédacteur en chef du journal *Fakir* – et actuellement politique encarté au parti La France insoumise – au moment de la sortie du film *Merci Patron !*. Bernard Arnault, le patron milliardaire de l'entreprise de luxe, a été entendu par la police dans le cadre de l'enquête. L'opération, sous-traitée à un cabinet fondé par un ancien policier, aurait été supervisée par Bernard Squarcini, ancien patron des services secrets passé au service du privé[9].

Parfois, la surveillance a lieu dans le cadre du licenciement d'un membre d'une direction. « *Certaines sociétés sont prêtes à tout pour faire chanter de hauts cadres. Il n'est plus banal de voir dans un dossier un recours à une société privée d'espionnage pour suivre un des membres de leur équipe*[10] », indique un inspecteur du travail d'Île-de-France, et de donner un exemple : « *Un salarié voulait négocier son départ. Ils lui ont dit : "On sait que tu as une maîtresse. Si tu continues à vouloir de l'argent, on balance tout à ta famille."* » Dans le secteur de la grande distribution, l'inspecteur a relevé d'autres pratiques douteuses : « *Des salariés avaient été embauchés pour des missions d'espionnage de leurs pairs en interne. Il y a eu une jurisprudence sur ce sujet en 2009 et 2017. Preuve que la problématique est encore d'actualité.* » Dans les plus hautes sphères, ces procédés occultes illustrent la mise en place d'un système de surveillance diffus qui s'intensifie avec le progrès de l'intelligence artificielle.

12

Chez les administrateurs, l'entre-soi

Dans les entreprises, le fossé entre ceux qui planifient les stratégies et ceux qui les appliquent est d'abord sociologique. Dans *La Noblesse d'État. Grandes écoles et esprits de corps*[1], le sociologue Pierre Bourdieu montrait déjà comment les écoles du pouvoir telles que HEC et Polytechnique produisaient de l'entre-soi à la tête des entreprises – ce phénomène vaut également, aujourd'hui, pour les cabinets de conseil en stratégie. Les P-DG eux-mêmes témoignent de cette déviance. « *Quelques écoles – et j'en suis issu ! – continuent de produire des générations de comités exécutifs et de conseils d'administration français. Cet entre-soi perdure. Ajoutez à cela que la taille de ces conseils a fortement augmenté au cours des dernières années (ainsi que leur rémunération) et on se retrouve dans un entrelacs de conflits d'intérêts objectifs. Ce n'est pas un jugement de valeur sur les personnes ! Quand on parle d'administrateurs indépendants, ils le sont certes vis-à-vis du management mais ils ne le sont pas entre eux. Les décisions qu'ils prennent dans un conseil les engagent sur des décisions qu'ils vont prendre ailleurs. C'est un sujet majeur de gouvernance* », reconnaît Emmanuel Faber, l'ex-P-DG de Danone, dans

L'Express, en octobre 2021[2]. Depuis quelques années, le cercle fermé des financiers s'est élargi à des profils plus diversifiés, comme les fonctions du numérique. Mais la dimension élitiste de ces conseils d'administration est toujours aussi problématique – contrairement, une fois de plus, au modèle allemand[3].

Cette consanguinité entre élites explique la vision strictement comptable des instances de direction : « *Les conseils d'administration sont nommés par des financiers pour des financiers*[4] », tacle Henri Proglio, l'ancien P-DG de Veolia et d'EDF, qui a siégé à de nombreux conseils d'administration du CAC 40. « *La pression financière est celle du marché et elle est énorme. Les intérêts du dirigeant sont alignés sur ceux des actionnaires* », poursuit une administratrice salariée[5], qui a siégé au conseil d'administration du groupe Atos – un leader de la transformation digitale, composé de 109 000 personnes. Ces propos n'ont rien d'étonnant si l'on regarde les processus classiques de nomination des instances dirigeantes d'une entreprise : le conseil d'administration est nommé par les actionnaires qui préemptent le dirigeant.

Déconnectés du réel, beaucoup prennent des décisions de court terme : « *Les orientations stratégiques se réduisent à une cartographie de risques. On dissèque chaque pan de l'entreprise avec des couleurs et on se réjouit lorsque tout est au vert* », explique Henri Proglio, désabusé. Et de s'insurger : « *Mais avez-vous vu une entreprise entrepreneuriale sans risque*[6] *?* » Ainsi, en prenant la place des capitaines d'industrie et des patrons bâtisseurs, les financiers ont rompu avec une certaine tradition. Ils ont privilégié les actionnaires. Ils se sont focalisés sur les investissements à court terme et les réductions d'effectifs. Ils se sont évertués à valoriser l'image de leur entreprise pour plaire à leurs investisseurs. De même, ils ont capitalisé sur les critères extrafinanciers. Ils ont cherché à mettre en place des indicateurs garantissant le bien-être des salariés – taux de satisfaction, pratique sportive, santé, etc. – ainsi que l'empreinte écologique de leur structure. Henri Proglio – toujours lui – fustige cette hypocrisie : « *J'étais récemment dans un conseil d'administration d'un établissement financier. Il y avait un exposé RSE*[7]*. On nous a parlé une heure durant du réchauffement climatique et de tous les sujets à la mode. À la fin, une décision a été prise. C'était de supprimer les gobelets en plastique. J'ai posé la question : "Croyez-vous vraiment que cela va avoir un impact ?" On m'a répondu : "Ah, tu nous fais encore ton numéro"* », raconte-t-il pour illustrer la dimension marketing des problématiques sociales et environnementales.

Intéressés par la logique financière du court terme, certains administrateurs se préoccupent surtout des rémunérations des dirigeants et des revenus qu'eux-mêmes pourraient obtenir. « *Les administrateurs s'occupent plus de la rémunération d'un P-DG d'une entreprise en difficulté que de la stratégie ou de l'audit et de vérifier les comptes...* », note Sophie Coignard. Dans son ouvrage *Les Faux Jetons*[8], la journaliste du *Point* met au jour les jeux de pouvoir au sein des conseils d'administration qui régissent des groupes tels que Renault, LVMH, Accor, Carrefour ou Pernod Ricard.

Alors que les collaborateurs reçoivent un salaire, les administrateurs sont rémunérés par des « jetons de présence ». La somme qu'ils perçoivent est beaucoup plus importante que celle des salariés du terrain : *« Un jeton de présence tourne autour de 60 000 ou 70 000 euros par an, mais beaucoup d'administrateurs les cumulent. Ils en ont trois ou quatre »*, détaille Sophie Coignard. Les cumulards peuvent toucher jusqu'à 500 000 euros par an pour une charge de travail qui ne représente qu'une activité à temps très partiel pour la majorité d'entre eux.

Au sein des milieux d'affaires, où gravitent les administrateurs, les intérêts de l'entreprise à long terme et le bien commun peuvent passer au second plan, derrière les conflits personnels. Les feuilletons qui ont rythmé la vie des conseils d'administration ces dernières années illustrent cette dérive. Du printemps 2019 à fin 2020, les administrateurs du groupe Lagardère – opérateur multimédia composé de 28 000 collaborateurs – se sont livrés à une bataille d'influence sans merci.

En mai 2020[9], fragilisé par la crise du Covid-19, l'héritier du groupe, Arnaud Lagardère, accumulait les dettes. Patrick Valroff, président du conseil de surveillance, a cherché à l'évincer. Il était soutenu par un actionnaire, Joseph Oughourlian, président du fonds d'investissement activiste Amber Capital. Ce dernier cherchait à prendre le contrôle du conseil de surveillance. En face, un second camp s'est composé, constitué des alliés du P-DG héritier : l'ex-président de la République Nicolas Sarkozy, Marc Ladreit de Lacharrière, P-DG de la holding Fimalac et de la *Revue des Deux Mondes*, et l'industriel et homme d'affaires Vincent Bolloré. Ces poids lourds du monde économique avaient pour ambition de prendre le pouvoir.

On se serait cru dans une bataille entre seigneurs avec la cour en arbitre.

Ainsi, à la veille de l'assemblée générale du groupe, le 5 mai 2020, les soutiens d'Arnaud Lagardère ont usé de tous les subterfuges pour que les autres actionnaires du groupe ne suivent pas la position d'Amber Capital. Le même jour, alors que le vote pour le maintien ou l'éviction d'Arnaud Lagardère devait avoir lieu, la banque BNP Paribas Securities Services a signalé à Joseph Oughourlian que ses actions Lagardère étaient « *en phase de rétention* ». Comme par hasard, l'actionnaire s'est trouvé dans l'incapacité de voter. Il a fallu que l'Autorité des marchés financiers intervienne pour débloquer le vote et publie un communiqué, rappelant « *le droit fondamental des actionnaires* » de s'exprimer sans discrimination ni pression. Pendant ce temps, Joseph Oughourlian n'a cessé de disqualifier dans les médias la gouvernance d'Arnaud Lagardère, tandis que les salariés du groupe voyaient les nuages s'accumuler au-dessus de leurs têtes[10]. La branche Travel Retail était en crise. Les boutiques dans les aéroports ainsi que *Paris Match*, Europe 1 et *Le Journal du dimanche* (*JDD*) subissaient le recul spectaculaire de leurs investissements publicitaires. Au cœur de la tempête, il n'y avait plus de capitaine.

De leur côté, les employés sont positionnés sur un jeu d'échecs, dont ils ignorent toute la stratégie. Lorsque le conseil d'administration opte pour des opérations de vente et de rachat, parfois dans d'autres pays que le sien, ce sont eux qui en subissent les conséquences. Si les motifs sont financiers – et non opérationnels –, les conséquences sont sociales. La direction utilise la communication interne pour les convaincre ; mais les arguments qu'elle brandit sonnent souvent faux. Les employés savent qu'ils vivent la fin d'une ère et qu'avec le rachat de leur structure par un nouvel investisseur, ils vont être sous pression. Bien que complètement passifs dans la prise de décision, ils sont enjoints à démultiplier les efforts pour s'adapter à cette situation.

Henri Proglio s'interroge. Pourquoi la France n'a-t-elle pas mis en place de contre-pouvoir ? Pourquoi n'a-t-elle pas produit de loi régissant la gouvernance des conseils d'administration des entreprises privées ? Dans les structures publiques telles qu'EDF, les salariés syndiqués représentent un tiers des conseils d'administration. Et l'équilibre des pouvoirs est sauvegardé. Les collaborateurs sont impliqués dans les décisions et ils connaissent les stratégies. « *Les syndicats doivent représenter un tiers des conseils d'administration, comme c'est le cas dans les entreprises publiques*[11] », martèle donc l'ancien dirigeant, qui a apprécié la présence de la CGT à sa table, lorsqu'il était à la tête d'EDF.

Voilà qui devrait faire reculer les tentations totalitaires du management moderne.

13

Le piège de la loyauté

Nombre de managers sont écartelés entre les objectifs qu'on leur assigne et la réalité du terrain. Piégés par cette injonction contradictoire, ils endossent la responsabilité écrasante d'effectuer les missions demandées, mais n'ont pas les capacités pour les mener à terme. Ils ont beau capitaliser sur eux-mêmes, grâce au développement personnel et aux outils donnés par leur entreprise, ils ne parviennent pas à réaliser leur travail correctement. Formés à la loyauté, ils se surengagent et dépassent les horaires légaux de travail.

Une inspectrice du travail dans les Hauts-de-Seine raconte ce qu'elle a vu : « *J'ai affaire à des salariés très imprégnés de la culture* corporate. *Ils sont issus d'entreprises internationales, avec des procédures jugées supérieures aux lois françaises et au Code du travail. Il y a une forme de déconstruction idéologique. Certains me disent : "J'ai le logo de mon groupe dans les veines." Parfois même, des syndicalistes ont intégré la culture interne de leur groupe et se dépouillent de leur culture de la lutte.* »

Elle détaille le mode de vie de ces salariés *upper class*, dont l'existence tourne autour de leur entreprise.

« Beaucoup se marient entre eux. Ils intègrent la logique d'hyperperformance comme une règle naturelle. Pour eux, ceux qui ne sont pas performants, selon la logique de l'entreprise, n'ont pas leur place dans la société. Ils ne comptent pas leurs heures de travail et travaillent même la nuit, sans se poser aucune question. Ils sacrifient leur vie de famille et donnent tout pour leur entreprise. » Marie Pezé, docteure en psychologie, psychanalyste et spécialiste de la souffrance au travail[1], observe le même phénomène. Mais elle perçoit les dommages physiques et psychiques engendrés par le surengagement de ces hauts cadres. Ces derniers travaillent toujours plus, au mépris de leurs limites biologiques : *« Ils arrivent dans nos cabinets avec des symptômes. Plus rien dans leur organisme ne fonctionne. Ils ont des problèmes de vision, de côlon, des troubles cognitifs, des problèmes de concentration et de mémoire*[2]. *»*

Épuisés physiquement et psychiquement, ces salariés poursuivent le but qui leur a été assigné par leur employeur. Ils ne prennent plus en compte leurs limites corporelles et psychiques. En assimilant la logique de surperformance de leur groupe, ils perpétuent une tradition d'hyperexigence et de contrôle managérial. *« Pour former nos juniors, on nous disait : "Tu leur mets la tête sous l'eau, sous pression. Soit ils tiennent, soit ils coulent et s'en iront"*[3] *»*, rapporte un ancien cadre d'un cabinet de recrutement.

Ce phénomène de loyauté des cadres a été également étudié par le psychiatre Christophe Dejours, grand spécialiste de la souffrance au travail, qui raconte avoir pris conscience de cette dérive en rencontrant les managers de l'entreprise Thales, lors de l'affaire des suicides en 2005-2010[4]. Missionné pour comprendre les rouages internes de l'entreprise, il a côtoyé des journées durant ces hauts cadres. C'est en écoutant leur discours qu'il a compris la logique qui menait certains d'entre eux à infliger des violences psychologiques aux salariés jugés peu performants : *« J'ai entendu un manager déclarer avec un air martial : "Vous comprenez donc, je vais venir avec un aspirateur et je vais dégraisser l'entreprise de tous ceux qui ne fichent rien." »* Ces mots font écho à la phrase célèbre de Didier Lombard, ex-P-DG de France Télécom : *« En 2007, je ferai les départs d'une façon ou d'une autre, par la fenêtre ou par la porte*[5]. » Ce discours de ségrégation entre forts et faibles, gros et petits est le symptôme d'une pathologie bien plus vaste et non limitée à France Télécom. Il découle d'une idéologie de performance financière et engendre une implacable stratégie : l'optimisation constante de la masse salariale.

Obnubilés par les chiffres, des dirigeants de ce qu'on appelle en général comité exécutif (Comex) transmettent aux échelons du dessous – celui des hauts cadres – une vision qui vise à réduire les personnes qui travaillent à des indicateurs et des quotas. Pour optimiser la rentabilité de l'entreprise, certains définissent des pourcentages d'éviction de la masse salariale. Les managers sont ensuite libres de choisir les « maillons faibles » de leurs équipes. Pour réaliser cet objectif, ces derniers raisonnent parfois avec d'étranges arguments. Ils se basent sur des principes de performance fantaisistes[6], décidant par exemple qu'un salarié plus âgé n'est pas suffisamment flexible sur le plan cognitif. Ou alors, qu'une jeune maman avec enfant ne bénéficie pas de ressorts physiques suffisants pour tenir le rythme de travail. Enfin, ils s'attachent à perpétuer une bonne image de l'entreprise et à évincer ceux qui, par leur esprit critique, pourraient pointer ses contradictions.

Tous ces managers n'ont pas le même degré d'éthique. Si certains s'attachent à limiter au maximum les dégâts humains, d'autres mènent de véritables guérillas psychologiques contre leurs subordonnés. Ils n'hésitent pas à susciter chez eux une impression de folie, en leur soutirant leurs dossiers, en leur proposant des postes inadéquats à leur profil, en leur mentant sur leurs capacités, en modifiant leurs objectifs de façon à les rendre inatteignables... Autant de pratiques – appelées *mobbing*[7] – intégrées comme des process pour mener vers la sortie les collaborateurs mal notés.

Lors de ses multiples missions, Didier Bille, DRH, assure n'avoir jamais participé à un système généralisé de *mobbing*. « *Pour faire partir les salariés désignés par leur manager, je me suis contenté de grossir leurs fautes pour justifier leur sortie*[8] », confesse-t-il. L'humain étant par essence vulnérable, tout le monde a des défauts, qui peuvent être montés en épingle par un manager – un retard de cinq minutes, une attitude désinvestie en réunion, etc. Par ailleurs, à l'heure du tout-quantifiable, du tout-transparent, les managers disposent d'une masse de données sur leurs subordonnés, qu'ils peuvent facilement rassembler à l'heure de désigner arbitrairement les « maillons faibles » de leur équipe. « *Il y a toutes ces données issues des départements de l'informatique, telles que les badges, les notes de frais, les badges de péage des commerciaux »*, précise Didier Bille. Au mépris du règlement général sur la protection des données (RGPD)[9], des directeurs informatiques s'exécutent lorsque les directions des ressources humaines leur demandent de sortir un dossier sur un collaborateur.

Dans quelle mesure ces managers ont-ils conscience des dégâts psychiques qu'occasionnent leurs agissements ? *« Durant mes enquêtes chez France Télécom, j'allais déjeuner avec les hauts cadres qui exécutaient les directives de la direction et pratiquaient le harcèlement pour faire partir les salariés. J'ai compris qu'ils avaient parfaitement conscience de leurs actes »*, raconte le psychiatre Christophe Dejours, qui a enquêté pendant des mois au sein de l'entreprise, avant que soit déposée la plainte des parties civiles. *« Si vous invitiez ces personnes chez vous, vous n'imagineriez pas un seul instant qu'ils puissent adopter des comportements brutaux en entreprise. Ils se constituent une double personnalité entre le travail et la maison. »*

Le témoignage de Christophe Dejours illustre le concept de la « banalité du mal », développé par la philosophe Hannah Arendt dans son ouvrage phare *Eichmann à Jérusalem* – la chercheuse y analyse comment des hommes ordinaires ont pu envoyer en camp de concentration des familles entières. Elle a mis en cause la déresponsabilisation de ces hauts cadres, qui obéissaient aveuglément aux ordres et qui considéraient l'intérêt du IIIe Reich comme supérieur à toutes les autres causes. Adolf Eichmann avait abandonné son *« pouvoir de penser »*, conclut Hannah Arendt.

Au-delà de cette comparaison qui peut choquer, il y a cette mécanique de loyauté et d'absence de pensée personnelle qui devrait nous alerter. Dans nos entreprises, il arrive que des personnes dotées d'une éducation morale et socialement bien intégrées en viennent à se transformer en bourreaux (psychiques), sitôt passé le hall d'entrée de leur groupe. Il ne s'agit pas nécessairement de pervers narcissiques – dans la presse, ces dernières années, ce terme fourre-tout a beaucoup été utilisé pour désigner les chefs qui pratiquent le harcèlement. Ils sont les parties prenantes du système de ségrégation entre les forts et les faibles, les maillons d'une chaîne de déresponsabilisation massive, où le libre arbitre est annihilé par l'idéologie.

Chez ces managers, un autre levier doit tout de même être mentionné : celui d'une rémunération indexée sur… la rentabilité des subordonnés. Jugé responsable de la productivité de ces salariés, le manager a la tentation d'évincer ceux qui, pour des raisons de santé ou personnelles, subissent des baisses temporaires de performance. Chez France Télécom, ce système a été au cœur du procès de 2019. L'ex-DRH, Olivier Barberot, a en effet reconnu que les « trajectoires d'effectifs » des employés représentaient la moitié des « objectifs personnels » des cadres des ressources humaines, ainsi que 15 % de la part variable de leur rémunération – Didier Lombard, le P-DG, a, lui, nié ces propos. Cette déposition interroge sur le zèle de certains cadres à pratiquer des outils de harcèlement moral.

À ces deux leviers, il faut ajouter celui de la quête du pouvoir. Si nous reprenons le parallèle avec l'émission

Le Maillon faible, animée pendant les années 2000 par Laurence Boccolini, on comprend aisément l'aveuglement de certains managers. Positionnés au centre, ils désignent les faibles, les moyens et les forts ; distribuent les points et oublient ainsi aisément qu'ils sont eux-mêmes assis sur un siège éjectable. En sacrifiant tout à leur entreprise, ils pensent naïvement que cette dernière leur est redevable. Mais il n'en est rien. Car souvent, les directions aiment se séparer des bourreaux et sortir de leur vue le profil de celui qui a fait le « sale boulot ». *« Lorsqu'ils sont eux-mêmes évincés, certains de ces hauts cadres ne comprennent pas que les promesses qu'on leur a faites ne valaient rien. Alors, le rideau se déchire. Ils comprennent qu'en réalité, ils n'étaient eux aussi que des ressources humaines à part entière et que l'entreprise, en réalité, n'était pas leur famille »*, rapporte Émilie, l'inspectrice du travail d'Île-de-France[10].

Ce phénomène est nouveau. Ainsi, la psychanalyste Marie Pezé raconte recevoir depuis peu régulièrement en consultation des cadres dirigeants ayant subi ce type de mécanique : *« Généralement, ils ont été évincés brutalement de leur entreprise dans un contexte où, régulièrement, ils faisaient le sale boulot par loyauté. Ce moment est extrêmement douloureux pour eux, car ils réalisent soudainement qu'ils ont viré des gens de façon arbitraire ou appliqué des règles managériales douteuses, sans obtenir de contrepartie sur la durée. Or, dans leur carrière, ils ont tout donné pour leur employeur. Sur l'autel de la performance, ils ont sacrifié leurs vacances, leurs Noël et les anniversaires de leurs enfants. Ils ont adhéré à tous les principes de leur groupe. Et à ce moment-là, le rideau se déchire pour eux. »* Et la praticienne d'ajouter : « *Pour mes patients, ce moment est critique. À ce stade, une telle prise de conscience peut susciter des pensées suicidaires*[11]. »

Parmi ses patients, Marie Pezé compte Christophe, cinquante ans, membre du Comex d'une entreprise du secteur de la santé. Son groupe passe à la moulinette de réorganisations multiples – fusions et acquisitions. La direction décide alors d'un pourcentage de membres du personnel à faire partir. Sa manager ne souhaite pas déclarer de plans sociaux, donc elle préfère que les salariés partent d'eux-mêmes ou qu'ils soient poussés vers la sortie. Persuadé d'agir pour le bien de son entreprise, Christophe constitue des dossiers de harcèlements moral ou sexuel sur la base de faux témoignages pour évincer à moindres frais certains hauts cadres. C'est une méthode qui ne coûte pas cher. Il monte également des dossiers pour fautes lourdes. Au total, il licencie quatre dirigeants positionnés en dessous de lui, ainsi qu'une poignée d'autres salariés. Mais quelle n'est pas sa surprise lorsque, plusieurs mois plus tard, il est convoqué à son tour ! Sa direction lui demande de démissionner, lui faisant comprendre qu'elle n'a plus besoin de lui. Il comprend brusquement qu'il avait été en réalité utilisé comme un « bourreau » dont on se débarrasse une fois le forfait accompli. Il sort du bureau sidéré, il passe le portique de son entreprise et enfourche son vélo de façon mécanique. Sur la route, il trébuche et tombe par terre avec une telle violence qu'il se fracture le visage. Quelques jours plus tard, à l'hôpital, il se remue les méninges et se torture avec la même question : « *Pourquoi moi, pourquoi on me fait ça ?* »

Les mois passant, il se demande également comment il en est arrivé à devenir un exécuteur des basses œuvres, lui qui, autrefois, avait un engagement syndical. Il avait commencé sa carrière avec des convictions éthiques. Mais progressivement, il avait intériorisé un certain cynisme. Quelques mois plus tard, une fois rétabli, Christophe se plonge dans les anciens comptes de son entreprise. Il prend conscience que le groupe dans lequel il évoluait se porte très bien mais que, tous les deux ans, la direction licencie une cinquantaine de personnes. Il réalise que les actionnaires de son groupe exigent une rentabilité financière accrue sans être attachés à l'entreprise. Il a été trompé. Il comprend qu'il a sacrifié ses valeurs éthiques pour sauver un paquebot qui, en réalité, naviguait sur des eaux calmes.

Aux dires de Marie Pezé, ces mécanismes de prise de conscience constituent une nouveauté. Aujourd'hui, les hauts cadres dirigeants deviendraient à leur tour des variables d'ajustement de la performance financière. « *Ils bénéficient de moins en moins de bonus ou de voitures de fonction. Ils sont de plus en plus évincés sur le même principe que les salariés du bas de l'échelle de la hiérarchie* », précise la psychanalyste. « *Pour eux, ce système d'éviction est intolérable, car ils se croient protégés pour avoir effectué le sale boulot. De plus, ils pensent réellement que leur entreprise est plus importante que leur famille, là où des catégories socioprofessionnelles telles que les ouvriers en usine ou les caissières de supermarché n'ont aucune illusion.* »

Tout le monde n'est pas logé à la même enseigne : parmi les hauts cadres, certains ont le réflexe de se protéger du piège de la loyauté, ou bénéficient d'une personnalité dotée d'un sens critique. Ils vivent donc régulièrement des conflits avec leur direction sur le plan éthique – au total, 49 % des employés se disent parfois amenés à agir contre leurs valeurs[12]. Parmi eux, certains tentent de sauver les meubles, mais ne parviennent pas à dire « non ». C'est le cas de Marie, manager dans un grand groupe en ressources humaines, qui nous confie : *« Je sais que j'agis quotidiennement contrairement à mes valeurs. Mais si je quitte ce poste, je ne peux plus payer mon loyer et subvenir aux besoins de ma famille »*, déclare-t-elle. Pieds et poings liés par sa situation, elle confie : *« Je n'ai pas la possibilité de critiquer frontalement un système dans lequel je baigne par pragmatisme*[13]. *»*

D'autres en revanche n'hésitent pas à refuser des missions, en sachant pertinemment que ce « non » déboucherait sur un licenciement. Didier Bille peut en témoigner, il a vécu ces épisodes à plusieurs reprises. Florence, cadre dans une entreprise du secteur du BTP, déroge à la règle et s'étonne d'avoir eu le droit de refuser un « sale boulot » : *« Mon manager m'a demandé de licencier des gens selon des méthodes peu acceptables. J'ai répondu non. Il m'a répondu : "Tu exerces ton droit de retrait." On a tous une liberté de conscience »*, raconte-t-elle. Et d'ajouter, en soupirant : *« Il y a vingt ans, on licenciait quand on avait tout essayé. Aujourd'hui, on licencie systématiquement à l'issue des revues de performances. Aujourd'hui, l'entreprise n'est plus responsable de vous. Et vous, l'exécutant, vous êtes responsable de tout*[14] *! »*

14

L'entreprise se veut… exemplaire !

Les directions générales communiquent depuis quelques années sur de nouvelles thématiques : le bonheur en entreprise, la psychologie positive, l'importance du développement personnel mais également l'ouverture aux personnes handicapées, LGBT+… Elles utilisent ces leviers pour redorer leur image auprès des consommateurs et des investisseurs. L'harmonie semble régner. Ces entreprises ne cessent de clamer la fin des rapports brutaux au travail. Mais ce discours n'est trop souvent qu'une façade, lorsque la course à la rentabilité ne fait que s'intensifier.

L'hypocrisie de cette fausse bienveillance génère un sentiment de schizophrénie. « *Le profit est emballé de sucre Candy. On dit aux cadres qu'ils pourront s'épanouir s'ils travaillent bien. On leur fait une promesse de bonheur qui, en réalité, a pour seul objectif la performance accrue*[1] », résume Émilie, l'inspectrice du travail d'Île-de-France. Chaque jour, elle perçoit clairement l'écart entre la communication et la réalité. Bien que confrontés à des situations de malêtre ou de dépression chez leurs collaborateurs surmenés, beaucoup de grands groupes ne changent pas d'un iota leur organisation, ne facilitent pas un meilleur équilibre entre les vies personnelle et professionnelle, mais investissent en revanche dans des mesures de communication massives !

Remontée par ce qu'elle observe, Émilie donne un exemple, sans citer de nom pour respecter le secret professionnel inhérent à sa profession : « *Dans une entreprise du CAC 40, je vois des cadres qui travaillent la nuit, en plus de la journée, car ils ont une trop grande charge de travail. Je demande à la direction de changer l'organisation du travail, on me répond : "On a mis en place une ligne téléphonique d'écoute."* » Elle ajoute sur le mode de la sombre prophétie : « *Mais évidemment, sur le plan de l'organisation [...], la direction ne se remet pas en cause. Tandis que de notre côté, à l'Inspection du travail, nous nous attendons à des AVC, des suicides et des crises d'épilepsie à domicile de la part de ces salariés qui sont, la plupart du temps, en télétravail.* »

Au sein du groupe Danone, des salariés dénoncent exactement la même ambivalence. Côté pile : l'entreprise ne cesse de communiquer sur ses valeurs et le bien-être au travail. Côté face : les syndicats dénoncent une organisation du travail calquée sur une recherche accrue de la performance. Depuis 2015, trois collaborateurs se sont suicidés – dont deux après des soupçons de harcèlement de la part de leur hiérarchie. Marine, assistante de direction au sein d'un département dédié au bien-être et à la santé au travail, était l'une d'entre eux. Cette mère de famille de trois enfants, aux lunettes fines, a travaillé vingt-deux ans dans le groupe agroalimentaire. Quelques années avant son décès, elle bénéficiait d'un temps partiel pour passer le mercredi avec ses enfants.

Mais, au fil du temps, sa charge de travail s'est intensifiée. En 2021, elle confie à ses proches être malmenée, harcelée par sa supérieure, une DRH dont la fonction est dédiée au bien-être et à la bienveillance chez Danone. Eh oui ! En parallèle, elle s'interroge sur la gestion du groupe : *« Malgré toutes les préventions et formations qu'on organise au travail (bien-être au travail, savoir gérer ses équipes, être bienveillant, être un manager plutôt qu'un boss), on se rend compte que ça ne marche pas si bien ! Et que les gens sont de plus en plus déprimés »*, écrit-elle à un membre de sa famille le 1er janvier 2022. Ce jour-là, Marine écrit depuis son lit, car elle est hospitalisée dans une clinique psychiatrique privée dans les Yvelines. Une semaine plus tard, sa vie bascule. Le 7 janvier 2022, elle se suicide. Dans la foulée, la direction des ressources humaines de l'entité concernée diligente une enquête confiée à un cabinet spécialisé, externe et indépendant. Selon les conclusions, ce suicide n'a pas de lien avec l'entreprise[2].

15

Devenir un athlète !

Dans les secteurs où la digitalisation a rendu les compétences caduques, nombreux sont les employeurs à vouloir recruter des êtres pourvus de capacités physiques et psychiques supérieures. L'idéologie dominante, autoritaire, exige que les salariés capitalisent sur leur ego, qu'ils améliorent leurs performances personnelles, bref, qu'ils soient des leaders inspirants, à l'instar des grands sportifs ou de personnalités charismatiques, comme Gandhi, Nelson Mandela, Martin Luther King ou encore… Churchill. L'objectif ? S'adapter à un monde toujours plus rapide et exigeant.

Élitisme sur mesure

Depuis les années 2000, la littérature managériale ne cesse de comparer l'employé à un athlète. En juillet-août 2007, le magazine *Management* présentait en couverture Bernard Laporte, entraîneur national de l'équipe de France de rugby, en costume, avec entre ses mains un ballon de rugby. Le titre : « *Tirez le meilleur de vous-même ! Les méthodes des sportifs et des artistes appliquées au mana-*

gement ». À l'intérieur, Catherine Destivelle, alpiniste, et Stéphane Diagana, champion du monde du 400 mètres haies, donnaient leurs conseils à des cadres supérieurs. L'assimilation semble flatteuse et enthousiasmante. À ceci près que les athlètes évoluent en plein air et qu'ils ne passent pas leur vie assis sur une chaise, à remplir des *Timesheet* pour prouver à leur employeur qu'ils sont bien rentables.

En l'espace de quelques années, le sport est devenu tendance. Sur ce créneau, le Medef est en première ligne. Sur son site web, l'association de patrons propose aux entreprises de recevoir une newsletter avec la mesure du gain de productivité réalisé si chacun de leurs collaborateurs se mettait au sport.

En 2015, le syndicat patronal organisait des Assises dédiées au sport, en partenariat avec le Comité national olympique et sportif français. Objectif : booster la rentabilité en misant sur la santé des collaborateurs. Devant un parterre réunissant athlètes et dirigeants des ressources humaines, les consultants du cabinet de conseil en performance RSE Goodwill Management promettaient la croissance par la maximisation du capital physique des salariés[1]. « *Un collaborateur sédentaire qui se met à la pratique d'une activité sportive améliore sa productivité de 6 à 9 %. Et la projection proposée par [notre] étude chiffre l'amélioration de la rentabilité de l'entreprise "entre 1 et 14 %", ce qui laisse certes une marge… mais va en tout cas dans le bon sens*[2] *!* » ont-ils déclaré devant le parterre de dirigeants et de sportifs.

Pour certains dirigeants, ce diktat se justifie par un contexte de guerre économique : « *Alors que la concur-*

rence s'accroît, dans un monde dont les usages sont en mutation, nous ressentons tous les jours une tension proche de la compétition sportive. Cette tension-là est devenue la réalité de l'entreprise. Or, face à elle, nous devons trouver de nouvelles ressources », estime Michel Estimbre, ancien membre du comité exécutif en charge des relations humaines, de l'organisation et de la distribution chez Generali[3]. Aller *« au bout de soi »*, dit-il. Mais jusqu'où ? Jusqu'où un groupe peut-il s'immiscer dans la sphère intime de ses employés pour gratter de nouveaux potentiels économiques ?

Ce parallèle entre le salarié et l'athlète transforme le monde du travail en un cercle ultra-élitiste réservé à ceux qui jouissent des meilleures conditions physiques et psychiques. Qui, en France, peut devenir un footballeur de haut niveau, un nageur professionnel ou un alpiniste aguerri ? Pas grand monde. En revanche, il est facile de donner l'illusion que chacun peut atteindre ces performances s'il en a la volonté. Au prix, cependant, d'accidents du travail et de dépressions professionnelles ?

Le diktat du dépassement de soi

Le documentaire *La Mise à mort du travail*, du réalisateur Jean-Robert Viallet, diffusé en 2009, confirme l'absurdité de la comparaison entre le salarié et le sportif. Une scène du film présente un séminaire de commerciaux de l'entreprise française Fenwick – spécialiste de la conception, la fabrication et la commercialisation de produits et services de logistique interne. Dans la salle, assis sur des chaises, complètement passifs, les employés visionnent une vidéo d'un match de football. Un consultant leur explique : « *En cas de crise, les maigres meurent. Et les gros survivent. On a la chance d'être gros.* » Et de poursuivre, en vociférant : « *Muscle ton jeu. Si tu ne muscles pas ton jeu, je t'assure, tu vas avoir des déconvenues parce que tu es trop gentil.* »

À force de « *muscler son jeu* », le salarié en vient à nier ses fonctions biologiques vitales. Il lui est parfois même enjoint de se mettre en danger. Pour comprendre ce mécanisme, assistons à un séminaire de la société Airbus. Nous sommes en 2014. Le cabinet C9 consultants, une structure qui propose des solutions de développement personnel, est contacté par Airbus : la direction commande un séminaire intégrant une « *activité à risque* ». Lors de l'événement, l'animateur demande aux employés de casser une bouteille en verre enroulée dans une serviette, puis de faire quelques pas pieds nus sur le verre brisé. Les uns après les autres, les salariés s'exécutent sans broncher. Mais dans la salle, l'un d'entre eux craque. Il est saisi par la peur de se faire mal. Il sort en pleurs. Ce n'est qu'à son retour du séminaire qu'il contactera le médecin du travail de son groupe et lui confiera avoir redouté « *des représailles du manager sur [son] bonus annuel* ». À la suite de cet entretien, la médecine du travail demande une enquête. La direction d'Airbus décide de licencier le manager qui avait commandé le séminaire. Ce dernier conteste les raisons de son licenciement aux prud'hommes. Il saisit ensuite la Cour de cassation qui, le 23 octobre 2019, le déboute[4].

L'épisode du séminaire chez Airbus illustre une tendance générale. « *Cette idéologie de la surperformance, au mépris des limites de la biologie, est parfois exportée par des petits jeunes qui sortent d'école de commerce. Sur le terrain, ils se surinvestissent et surévaluent leurs capacités physiques. Nous rencontrons des jeunes salariés qui, à bac + 5, arrivent dans les entreprises et ne parviennent plus à se mettre de limites* », observe cette inspectrice du travail d'Île-de-France. Elle rapporte voir de plus en plus d'accidents du travail découlant de cette négation des limites biologiques. « *Pour montrer à leurs employeurs qu'ils sont à la hauteur, des petits jeunes sont prêts à tout, et se mettent en danger physique*[5]. »

À force de maîtriser son corps pour des raisons professionnelles, certains en viennent à ne plus respecter leurs limites biologiques élémentaires. « *Je ne saurais dire combien de fois j'ai entendu tel ou tel salarié m'expliquer ne pas pouvoir quitter son poste de travail pour aller simplement aux toilettes*[6] », témoigne la médecin du travail Marielle Dumortier, dans un ouvrage dédié à ses consultations avec des professionnels. Sur le site Motherboard, un employé d'Amazon évoquait des menaces s'il ne parvenait pas à livrer 300 colis en dix heures, soit un colis toutes les deux minutes : « *Si je conduisais pour trouver des toilettes, je rapporterais des paquets à la maison et cela signifierait éventuellement que je commettrais des infractions conduisant à mon licenciement*[7]. » En mars 2016, les équipes de la plateforme téléphonique de SFR, Teleperformance, basée à Blagnac, au nord-ouest de Toulouse, révélaient devoir renseigner leur pause pipi sur un logiciel dédié et attendre le feu vert de la direction pour se rendre aux W-C. « *Ce n'est pas une contrainte acceptable. 7 % des effectifs sont âgés ou souffrent d'un handicap*[8] », s'indignait une collaboratrice dans *La Dépêche*.

Mandela ou Gandhi, vraiment ?

À la recherche d'êtres exceptionnels, des entreprises entendent transformer leurs collaborateurs pour qu'ils développent des qualités de leaders. Qu'importe qu'ils soient nés avec une personnalité particulière, qu'ils aient une histoire familiale unique, qu'ils aient reçu des valeurs propres à leur éducation : ils doivent modeler leur personnalité et leurs valeurs pour répondre aux lois du marché. Ils se doivent d'être charismatiques. Cette infiltration dans le champ des valeurs est une des dérives les plus poussées, et la plus récente d'entre toutes.

À Harvard, l'enseignante Rosabeth Moss Kanter, professeure en management, s'inspire de la figure du pasteur et militant de la non-violence Martin Luther King pour former les salariés au leadership. Elle revisite sa phrase *« I have a dream »* pour expliquer aux hauts dirigeants de la finance qu'ils peuvent, eux aussi, changer le monde – en vue d'une meilleure rentabilité. En France, Anne Vermès, fondatrice du cabinet de conseil Traits d'Unions, se positionne sur ce créneau, avec la publication d'une série d'ouvrages aux Éditions Eyrolles : *Influencer comme Gandhi* en 2014[9] ; *Fédérer comme Mandela* en 2015[10]. Dans le livre dédié au militant contre l'apartheid, elle détaille sa thèse : *« Ses nombreuses années de détention ont fait de lui un homme libre qui a réussi à transformer sa colère et sa frustration en opportunité de connaissance de soi et des autres. Le "savoir-relier" et le dialogue, essentiels dans son parcours magistral, lui ont ainsi permis de fédérer des hommes opposés autour d'un idéal de liberté et la fin de l'apartheid. Laissez-vous porter par la capacité de Mandela à susciter l'adhésion et apprenez à fédérer vos équipes en marchant dans les pas de ce fin tacticien.* »

Martin Luther King a été assassiné et Nelson Mandela a été emprisonné. Tous deux ont donné leur vie pour de grandes causes. Reprendre leurs histoires pour expliquer aux employés qu'ils doivent être résilients face aux exigences du marché relève de la manipulation. À quand des ouvrages de management intitulés *Diriger les salariés comme Jean Moulin gérait ses résistants ?*. Utiliser ces figures historiques pour forger des héros des marchés financiers et économiques est de l'ordre de l'usurpation.

Progressivement, ces théories imprègnent les cabinets de conseil en leadership et certaines directions des ressources humaines. En 2015, le groupe Edenred – qui commercialise les titres-restaurant – présente les écrits d'Anne Vermès dans son magazine interne[11]. De même, le cabinet de recrutement britannique Michael Page explique, sur son site internet, quelles qualités exceptionnelles développer pour permettre aux membres des équipes d'accomplir « *leurs missions de manière performante* ». Parmi les qualités requises, une semble essentielle : « *Personnifier les valeurs de l'entreprise* ». Les recruteurs détaillent : « *Il est donc nécessaire de fédérer les équipes autour de valeurs fortes en les partageant, mais aussi et surtout en les incarnant. Vos actions doivent refléter les valeurs de l'entreprise*[12]. » Dans un monde bipolaire, divisé entre les exécutants et les hauts potentiels, les salariés sont enjoints à adopter des comportements d'exception pour se ranger dans la meilleure catégorie.

Le mythe du salarié-influenceur

L'exploitation du capital physique et psychique à des fins de productivité se double d'un second objectif : faire du salarié un ambassadeur. Depuis quelques années, dans le secteur des services, de la vente et de la téléconsultation, des employés sont sommés de prendre une voix, une attitude ou un comportement dicté par la charte de leur entreprise. Ils doivent être irréprochables et se comporter comme des ambassadeurs de leur direction pour séduire les clients et attirer de nouveaux candidats. Ils sont parfois enjoints à adopter ces attitudes dans leurs cercles amicaux et intimes. C'est le cas au sein d'Engie – ex-GDF Suez – qui, sur son site internet, demande à ses collaborateurs de s'engager en parlant positivement de leur direction dans les *« dîners entre amis*[13] *»*. Pour les encourager, la direction leur signale que ce comportement *« s'inscrit dans une démarche [...] active synonyme d'épanouissement »*. Engie a trouvé le filon : capitaliser sur l'image positive de ses cadres. Fin janvier 2022, elle met en scène ses collaborateurs et leurs enfants dans des spots publicitaires. La vie personnelle de ces derniers devient ainsi une vitrine de l'entreprise.

Pour justifier son projet, la direction déclare, toujours sur son site internet : *« Nombre d'études soulignent d'ailleurs que la voix des employés supplante largement celle des communications officielles des marques en termes d'engagement. Un contenu partagé par un employé obtiendrait en moyenne huit fois plus d'engagement que s'il était partagé via un canal institutionnel.* » Le groupe aurait également pu détailler ses économies réalisées sur son budget publicitaire…

Un influenceur des réseaux sociaux

Égérie, ambassadeur, le salarié se doit également d'être un influenceur sur les réseaux sociaux. Il doit s'investir et faire preuve de loyauté, alors que son employeur, lui, a la possibilité de le licencier au moindre faux pas. « *La semaine où je suis entré dans l'entreprise, on m'a demandé de modifier mon profil LinkedIn, afin de mettre en avant mes activités professionnelles au sein du groupe. C'est comme si, à partir de cet instant, mon compte ne m'appartenait plus vraiment* », confie Simon[14], trente ans, embauché en CDI dans une grande société irlandaise de données clients.

Frédérique Scavennec, à l'époque directrice du recrutement de la multinationale L'Oréal, assume cette nouvelle tendance lourde qu'on observe dans les entreprises depuis presque dix ans, elle qui écrit en 2015, dans le magazine *Décideurs* : « *Nos collaborateurs ont un rôle d'ambassadeurs sur les réseaux sociaux.* » Elle quittera néanmoins L'Oréal l'année suivante… Depuis 2016, des groupes du secteur de la banque et des assurances, notamment Allianz, AXA et le Crédit agricole, mettent en place un programme appelé *employee advocay*. L'enjeu : demander à des volontaires d'utiliser leurs comptes personnels Twitter et LinkedIn pour promouvoir leur entreprise auprès de leur carnet d'adresses[15].

Adopter un ton dicté par son employeur

Comment s'étonner dès lors qu'en interne les comportements des salariés soient scrutés par des managers zélés ? Ces derniers exigent une loyauté sans faille. Pour appréhender ce phénomène, nous nous engouffrons dans une brasserie d'Asnières-sur-Seine et y retrouvons Florence, trente-deux ans, ex-recruteuse dans un cabinet parisien, dont les compétences avaient été rendues caduques par un logiciel. Tout en commandant un café-crème, la trentenaire aux longs cheveux blonds raconte comment l'automatisation de son métier s'est doublée d'une mainmise de son manager sur son langage : *« Chaque entretien avec un candidat était enregistré. Chaque semaine, ma cheffe écoutait avec moi l'entretien. Elle me faisait des remarques incessantes sur ma voix, pas assez assurée, pas assez bien posée, pas assez articulée. Il me fallait adopter le ton dicté par ma direction et son intonation. »*

16

Des évaluations comportementales

Transformer son salarié en ambassadeur est, pour un groupe, une façon de redorer son image. En France, toutes les entreprises sont plus ou moins menacées par cette dérive. Mais à ce jour, une seule en a fait ouvertement son ADN : le géant de l'agroalimentaire Danone.

En 2015, la direction – alors dirigée par Emmanuel Faber – a mis en place une grille d'évaluation comportementale, appelée « *Growth Agility* ». Depuis, chaque année, les managers doivent évaluer le degré d'humanisme, d'ouverture, de proximité et d'enthousiasme de leurs collaborateurs sur la base de critères précis : leur *« agilité intellectuelle, agilité relationnelle, esprit de croissance, détermination, etc. »*.

À la tête d'une entité de plusieurs milliers de collaborateurs chez Danone pendant trois ans, Amélie nous raconte comme ce système d'évaluation se traduit par une mainmise des managers sur leurs subordonnés : *« J'ai vu des managers déraper complètement en mettant leurs collaborateurs sous leur coupe, en analysant quotidiennement leur posture, leur attitude en réunion, le ton qu'ils prennent pour parler. Cette mainmise est toxique, même s'il faut nuancer, car il existe également des managers de talent, qui savent former leurs salariés, sans pour autant les contrôler.* » Une ancienne employée a ainsi subi une forme d'emprise de la part de sa manager, sur la base de cette évaluation comportementale. Elle témoigne : « *Un jour, ma supérieure m'a affirmé que je n'avais pas le droit de lui dire non. Cela a été un déclic pour moi, car j'ai compris que chez Danone, je n'avais plus de libre arbitre.* » Selon nos informations, entre 2015 et 2021, les augmentations étaient corrélées à ces évaluations et non à celles des performances. Ainsi, des collaborateurs dont le travail était sérieux pouvaient voir leur carrière freinée sous prétexte qu'ils n'avaient pas adopté le comportement et les valeurs inculqués par leur direction.

Pire, en 2019, Yannick Pichon, délégué syndical central de la Société anonyme des eaux minérales d'Évian (SAEME) – une entité du groupe –, s'insurgeait contre l'indexation des augmentations sur ces évaluations, inquiet de constater l'éviction de collaborateurs au nom de ce système de notation. « *Alors que le groupe soigne son marketing social vers l'extérieur, la CFE-CGC*[1] *dénonce avec force les méthodes indignes que vous utilisez pour vous séparer de salariés à la SAEME dans l'établissement de Rungis. [...] Alors que le mal-être au travail devrait être votre première préoccupation, vous décidez de créer une psychose en faisant des exemples. Les salariés sont avant tout des êtres humains et vous devez respecter leur dignité* », assène-t-il dans un message qu'il transmet à la direction. Dans le contexte de réorganisation du groupe et en amont du plan social Local First, actuellement toujours en vigueur dans le groupe, des collaborateurs ont-ils pu être évincés sous prétexte qu'ils n'étaient pas suffisamment dotés des vertus d'*« humanisme, d'ouverture, de proximité et d'enthousiasme »* ?

Antoine Chaignot[2] l'atteste. En janvier 2017 à Rungis, au petit matin, ce cadre commercial se dirige vers l'immeuble de son entreprise. Il est sous le choc. Il vient de recevoir une lettre de convocation à un entretien préalable au licenciement. Voilà vingt ans qu'il travaille au sein de l'entité Danone Eaux. Vingt ans que, chaque année, il atteint ses objectifs. Vingt ans qu'il se forme également aux pratiques commerciales. Sitôt entré dans la salle de réunion, où se trouve la directrice de son entité, il attend avec anxiété de connaître les griefs portés contre lui. *« Ma direction m'a accusé d'avoir triché dans mes relevés commerciaux »*, se souvient-il. À la sortie de cet entretien, Antoine Chaignot est perturbé. *« Un quart de seconde, j'ai envisagé sérieusement de me foutre en l'air »*, souffle-t-il. Et de poursuivre, troublé : *« J'ai appris ensuite qu'un salarié du même âge que moi, Joël Boismenu, avait eu un entretien similaire avec la même directrice commerciale quelques mois après moi, qu'il avait été également accusé de tricherie et qu'il s'était suicidé plusieurs mois plus tard. »* Syndicaliste chevronné, Antoine Chaignot ne se laisse pas démonter et apporte la preuve de la sincérité de ses relevés. Il n'est finalement pas licencié. Mais trois mois plus tard, lors de son évaluation annuelle, il apprend qu'il est placé dans le quota de ceux qui sont *« en demande d'amélioration »*. Malgré l'atteinte de ses objectifs commerciaux, il obtient ce mauvais score en raison de son comportement jugé *« partiellement en accord avec les valeurs du groupe*[3] *»*.

Dans sa tête, Antoine Chaignot se remémore ces valeurs d'humanisme, d'ouverture, de proximité et d'enthousiasme rassemblées sous l'acronyme HOPE – traduit en anglais par l'acronyme CODES. Il ne comprend pas pourquoi, brutalement, il reçoit une mauvaise notation comportementale. Pour lui, les conséquences sont honteuses. Il subit une forme de rétrogradation : « *Cette évaluation m'a valu le retrait du titre de Master acquis dix ans plus tôt, qui me conférait une reconnaissance et des avantages en nature (voitures surclassées).* »

Dans la grille d'évaluation d'Antoine Chaignot, que nous nous sommes procurée, les commentaires de sa manager sont sans concession et basés sur des éléments subjectifs. Dans la case « *agilité relationnelle* », il est écrit : « *[Antoine] est dans une routine qui ne permet pas toujours de challenger l'existant. Antoine a tendance à tout garder pour lui et ne fait pas part de ses soucis. Il fait beaucoup d'efforts pour prouver, mais je ne sais pas si c'est quelque chose de durable.* » De façon plus générale, les questions posées sont alambiquées et laissent libre cours à l'interprétation. Surtout, la manager se positionne comme si elle était une psychologue ou une coach de vie. Antoine Chaignot ne supporte pas cette pression, qui vient s'immiscer dans ses valeurs personnelles. En juillet 2019, il craque psychiquement et demande une rupture conventionnelle.

Au sein de Danone, il n'est pas le seul à avoir subi le conditionnement et le système d'évaluation comportementale du groupe. Depuis 2015 les syndicats tirent la sonnette d'alarme. Dans une lettre confidentielle avec accusé de réception, adressée à la direction de Danone en février 2018, Michel Coudougnès, coordinateur du syndicat CFE-CGC, rappelle l'obligation légale d'objectivité dans les évaluations. Et s'alarme des dérives managériales possibles : « *Des évaluations basées sur "la compréhension des expériences émotionnelles" (agilité émotionnelle) ou l'esprit de croissance, défini comme "la croyance que tout peut être appris et développé", sont à la limite de croyances sectaires. Par ailleurs, des notions CODES comme "je noue et construis des relations avec authenticité" et "j'influence et mobilise autrui avec mes convictions" sont totalement subjectives. Le document qui m'a été transmis ressemble parfois à un document de la scientologie. »*

La direction de la communication ne s'exprime pas sur les accusations de dérives sectaires mais expose son projet avec son vocabulaire très particulier : *« Nous avons mis en place en 2016 un dispositif distinct appelé* "Growth Agility", *qui a permis d'apporter plus de pertinence à l'évaluation du potentiel de développement de nos cadres par rapport au modèle qui existait auparavant. Ces valeurs sont recherchées chez nos candidats dès le recrutement, nous les faisons vivre au quotidien (lors du séminaire d'intégration des nouveaux entrants, dans nos rituels managériaux, dans nos communications internes, à travers nos actions...). »*

La direction du groupe reconnaît néanmoins qu'*« il a été décidé fin 2021 de ne plus relier la valorisation salariale annuelle à la* Growth Agility, *mais exclusivement à la performance opérationnelle de l'année écoulée. Ce choix a été fait dans un but de simplification pour alléger le processus de décision et assurer une meilleure reconnaissance de la contribution immédiate à l'entreprise, plutôt que de privilégier une projection des contributions futures ».*

D'autres employés, que nous avons interrogés, s'étonnent de la dimension infantilisante des séminaires qui leur sont proposés, dont l'objet dépasse complètement la dimension professionnelle de leur métier. Agnès Rokicinski, cinquante-cinq ans, cadre supérieure de Danone, ex-responsable pilotage de la formation, dénonce a posteriori ces journées d'inculturation, qu'elle a elle-même participé à mettre en place : « *Ces formations étaient une forme de conditionnement psychologique.* » Au menu : des séances pour apprendre à « *être responsable de soi*[4] », avec des tutos sur les bonnes façons de se comporter dans la rue ou de traverser sur le passage piéton, d'autres, sur l'« ouverture », enseignent au collaborateur les postures émotionnelles adéquates pour parler à ses collègues. Un employé qui ne veut pas être nommé, car il travaille encore chez Danone, évoque également son malaise : « *J'ai eu une séance où nous devions tous nous donner la main et dire ensemble très fort : "je suis capable de…", en inventant une suite*[5]. »

Danone est-elle la seule entreprise du CAC 40 à évaluer ses salariés selon ses propres valeurs ? Évidemment non. Il est intéressant de noter que les valeurs du groupe relaient le concept de « *leadership authentique* », inventé par Bill George en 2003, dans l'ouvrage intitulé *Authentic Leadership : Rediscovering the Secrets to Creating Lasting Value*. Dans ce manuel, l'homme d'affaires et professeur de Harvard expose sa théorie : les véritables leaders ont de hautes valeurs morales, ils font preuve d'empathie, de transparence et d'honnêteté[6]. Or, ces termes figurent dans la grille d'évaluation de Danone.

Dérive chamanique

Outre son physique, son psychique et ses émotions, le salarié est donc également évalué, formé, jugé sur sa vertu, telle qu'elle est définie par son employeur. Il doit être exemplaire, résilient et, surtout, se transformer pour devenir « inspirant ». Cette mue a pour objectif d'améliorer la rentabilité financière car elle se traduit par un engagement sans faille.

Ces théories qui imprègnent nos entreprises depuis quelques années vont de pair avec une autre idéologie managériale, celle du *« spiritual leadership »*. Fondée en 2003 par le professeur Louis W. Fry, enseignant à l'université du Texas, cette notion évalue les salariés selon leur intelligence spirituelle. Ces derniers sont encouragés à avoir des croyances et à les mettre au service de leur rentabilité. Ainsi, en 2011, Danah Zohar, enseignante à Oxford et à Harvard, consacre un ouvrage au quotient spirituel, coécrit avec le psychiatre Ian Marshall : *SQ. Spiritual Intelligence, the Ultimate Intelligence*. Outre la fameuse « conscience de soi », ce quotient spirituel évalue la connexion avec ce qui nous entoure. Autant de notions toujours plus éloignées du cœur du business.

Cette spiritualité instrumentalisée – inspirée du bouddhisme et du chamanisme – pourrait générer une forme de lobotomisation des employés. Issus de cultures, de milieux sociaux différents, dotés de constitutions physiques et d'histoires familiales différentes, croyants de différentes confessions, ils sont néanmoins sommés de rentrer dans un moule et se voient, en prime, notés sur leur capacité à y entrer. Hier, il leur était demandé d'avoir une culture d'entreprise, pour développer un sentiment d'appartenance à leur groupe – ce qui était important pour générer une cohésion dans les équipes. Aujourd'hui, il leur est demandé d'adhérer à une philosophie qui peut leur faire l'effet d'un discours désincarné.

Face à eux, l'employeur se positionne comme un éducateur, un coach, un psychologue, voire un gourou, qui leur explique ce qu'est le bien, ce qu'est le mal, ce qui est positif, ce qui est négatif. À ce stade, tous les ingrédients sont là pour engendrer une dérive – sectaire ? – dans les groupes qui mettent en place de tels dispositifs. Ce n'est donc pas un hasard si, depuis quelques années, la Mission interministérielle de vigilance et de lutte contre les dérives sectaires (Miviludes) tire la sonnette d'alarme. Dès 2007, cette mission rattachée au ministère de l'Intérieur, publiait un document intitulé *L'Entreprise face au risque sectaire : un enjeu humain et économique, un défi professionnel.* Dans un chapitre nommé « *L'emprise mentale et les dérives comportementales* », la Miviludes notait : « *Les mouvements à caractère sectaire sont souvent infantilisants à l'égard de leurs membres. Le lien qui les unit est celui de l'obéissance absolue à celui qui représente la seule autorité admise : le gourou. Non seulement l'adepte n'a pas conscience de cette infantilisation, mais de plus, au départ, il la vit avec ravissement, car il se sent écouté, compris et en sécurité. Il ne peut savoir qu'en échange, l'organisation va souhaiter obtenir un certain nombre d'avantages de sa part, et notamment : son engagement total, corps et âme, dans un projet ; son adhésion sincère au groupe ; sa soumission sans faille ; le partage, sans discussion possible, d'une idée ou d'une opinion. Pour obtenir ces résultats, le mouvement va procéder à des manœuvres d'adaptation des "personnes cibles" à son projet, en trois étapes : la séduction, la transformation de la personnalité ou "déconstruction" et la reconstruction ou "renaissance".* »

En devenant le coach, le psychologue, voire le gourou de ses salariés, l'employeur réduit le périmètre du libre arbitre de ces derniers et surtout, il accentue la pression. Il se positionne comme un juge omniscient, comme si c'était son rôle.

17

Employés à durée limitée

Jusqu'où va l'exigence d'incarnation de l'entreprise ? Jusqu'où va le diktat du dépassement de soi pour des raisons de loyauté ? Est-il normal de comparer un employé à un héros tel que Martin Luther King qui a sacrifié sa vie pour ses valeurs ? De même, si le salarié est comparé à un athlète, a-t-il la même longévité professionnelle ? Dès trente ans, le grand sportif est considéré comme trop âgé pour poursuivre les compétitions, car ses performances baissent. Si l'on va jusqu'au bout de la métaphore, on en arrive à la problématique du jeunisme. Dans l'athlétisme, 35 % des sportifs présentent des troubles de santé mentale. Sans parler des problèmes cardiaques et des accidents. Est-ce ce modèle que les patrons désirent ?

Performants à court terme

En France, ce diktat du dépassement de soi sur le plan professionnel a des conséquences dramatiques. Pour le comprendre, nous interrogeons le Dr Michel Hautefeuille, psychiatre et addictologue, chef du service de toxicomanie de l'hôpital Marmottan dans le XVIIe arrondissement de Paris. Le médecin est bien placé pour analyser l'évolution du monde de l'entreprise : avant les années 2000, ses seuls patients étaient des personnes en marge de la société, des toxicomanes.

Mais, il y a vingt ans, un premier changement s'est opéré au sein de sa patientèle. « *J'ai ensuite vu des hauts cadres de la finance et de l'informatique qui se dopaient pour être plus performants. Ces derniers avaient le profil de golden boys et j'ai d'abord cru que ce nouveau phénomène était marginal* », confie le médecin[1]. Depuis, le phénomène s'est accéléré, et plus encore depuis la pandémie. « *Dans une situation professionnelle, il faut aujourd'hui avoir tous les réflexes et réagir au quart de tour. Pour y parvenir, des salariés se dopent à la cocaïne. Cette tendance s'accentue aujourd'hui, après la crise sanitaire, en raison de la tension accrue au travail*[2] », s'alarme le médecin.

Les produits ingérés sont le plus souvent de la cocaïne, mais le Dr Hautefeuille relève aussi des détournements de médicaments et du cannabis. « *Aujourd'hui, dans mon bureau, je vois tous les types de travailleurs, du coursier et du livreur de pizzas au cadre en marketing, en passant par des fonctions issues du secteur public telles que les enseignants* », rapporte le docteur Hautefeuille, qui conclut : « *L'idée de compétition et le diktat du dépassement de soi, importés par le néolibéralisme, ont aujourd'hui imprégné toutes les strates de la société. Les salariés qui se dopent le font pour ne pas freiner leurs collègues et garder leur place.* »

À court terme, la consommation de psychotropes permet à ces cadres de surperformer, tels des athlètes qui se dopent pour rafler les médailles. Mais, à long terme, ils se vouent à une inévitable destruction physique et psychique. Les effets secondaires – à long terme – de ces drogues de dopage sont connus : infarctus, AVC, vieillissement prématuré du cerveau, etc.

S'ils se dopent, n'est-ce pas justement en raison d'une répulsion pour la moindre lenteur, la moindre vulnérabilité ? Depuis une vingtaine d'années, la faille psychique la plus ténue est exploitée par un employeur qui cherche à licencier. À l'ère du cadre émotionnellement et socialement performant, à celle du leader authentique et inspirant, il faut toujours se montrer au top de sa forme. Dans un de ses sketchs, l'humoriste Karim Duval[3] plaisante avec beaucoup de finesse sur la façon dont la moindre faille peut être exploitée par des managers peu soupçonneux, en particulier dans certaines start-up, qui calquent leur modèle sur celui des GAFAM[4] : « *Guettez le moment de sa vie (pro ou perso) où ça se craquelle. Un peu comme quand on choisit un melon : on tâte, on sent, on tire sur la queue et si elle se détache, c'est qu'on tient un bon cavaillon de juillet ! Quand le melon est mûr, servez-vous de l'entretien annuel. C'est un moment que je chéris, un peu comme Noël. C'est un tête-à-tête privilégié où vous allez lui demander de se justifier sur l'année (ou la semaine) passée. Sur des broutilles ! Pourquoi ? Pourquoi ? Pourquoi ? On cuisine, on tutoie (ça met à l'aise et ça responsabilise). On ne lâche rien. Si bien que lorsqu'il va s'agir de fixer des objectifs pour l'année suivante, notre ami va vouloir faire ses preuves. Et là, on y va ! On fixe des objectifs à remplir selon des critères qui s'appliquent au pied de la lettre. Binaires. Soit on n'y arrive pas, soit on n'y arrive pas.* »

Après avoir participé à cette course à la performance, certains salariés sont diagnostiqués inaptes à la suite d'un burn-out. D'autres craquent, puis se refont une santé. Mais au prix de mois de repos et de coupures avec les exigences du monde moderne. De fait, en juillet 2018, des chercheurs ont prouvé la dérégulation émotionnelle des personnes en burn-out : « *L''imagerie cérébrale a permis de mettre en évidence la difficulté des personnes touchées par le burn-out à réguler leurs propres émotions négatives (tristesse, peur, colère, etc.) et les symptômes physiologiques qui y sont associés. Ceci serait lié à un "découplage" de l'amygdale et de certaines aires du cortex cérébral qui sont impliquées dans la régulation émotionnelle*[5]. »

Sommés d'être de plus en plus performants, les salariés craquent massivement. Le 5 juillet 2022, le Parlement européen tire la sonnette d'alarme dans un communiqué : « *Un quart des travailleurs européens estiment que leur sécurité ou leur santé est en danger en raison de leur travail. 88 % des travailleurs européens connaissent des problèmes de stress au travail. Les jeunes sont jusqu'à quatre fois plus susceptibles de souffrir de dépression ou d'anxiété que les adultes, 64 % des jeunes de 18 à 34 ans étant à risque de dépression en 2021.* » Face à l'ampleur de la catastrophe annoncée, les eurodéputés demandent une action législative à la Commission[6].

À force de modeler leur comportement, leurs valeurs selon les lois du marché, des salariés – en particulier des hauts cadres – perdent pied avec le quotidien et le réel. Dans la ferme que Jean-Baptiste van den Hove, ancien cadre de banque, a retapée en Haute-Vienne, dans le Limousin, pour en faire une maison de repos, on perçoit pleinement le revers de la médaille. Des hauts cadres, des dirigeants, des banquiers effondrés à la suite d'une dépression professionnelle fulgurante viennent trouver refuge dans la ferme de son association, Au temps pour toi[7]. *« Les résidents ont tous eu de lourdes responsabilités dans leur profession. Mais ils ne savent même plus éplucher une carotte. Ils ne sont capables de rien, car ils sont trop épuisés pour cela »*, s'étonne Catherine, soixante-deux ans, que nous rencontrons à l'hiver 2019. L'ancienne assistante sociale, désormais retraitée, est bénévole au sein de cette structure de repos dédiée aux personnes en burn-out. Déconcertée par le flux de cadres aux allures de zombies qui lui vient depuis la ville, Catherine s'interroge sur l'ampleur de la destruction intérieure orchestrée par l'idéologie qu'est devenu le management moderne.

Parmi les pensionnaires accueillis, des cadres, des salariés qui pour la plupart ont d'abord ressenti des signes avant-coureurs : des vomissements, des blocages du dos et des maux de ventre. Puis, un jour, ils deviennent hypersensibles. À la lumière du jour qui les éblouit. Au moindre bruit qui les fait sursauter. À l'imprévu. Certains développent une forme d'agressivité qu'ils ne se connaissaient pas avant. D'autres se mettent à pleurer comme des enfants. D'autres encore sont pris de vertiges et ont le sentiment d'être aussi limités physiquement que des personnes âgées en Ehpad. Certains sont tellement atteints qu'on se demanderait par quel camp de redressement ils sont passés pour arriver à ce stade de vieillissement prématuré. *« Le pire, c'est de voir l'ampleur de notre état dans le regard des autres »*, souffle Sylvie, quarante-cinq ans, une résidente d'Au temps pour toi.

Dans cet ancien corps de ferme, géré comme une maison de famille, les personnes sont accueillies inconditionnellement. Elles ne sont pas catégorisées, ou réduites à une partie de leur identité. Elles sont considérées pour ce qu'elles sont. Ici, le temps s'égrène et ne rentre dans aucun planning. On tricote avec la voisine, on lit au coin du feu, on parle des pièges à taupes posés sur la pelouse l'après-midi. Autant de discussions, de préoccupations dénuées d'exigences de performance. Dans ce lieu de vie, les personnes apprennent à adopter un mode de vie indépendant de leur travail. *« La seule façon de se reconstruire, pour ces résidents, est de ne pas se donner d'objectifs »*, martèle Jean-Baptiste van den Hove, le fondateur de la structure.

Jeunisme fou

Ainsi, parmi les résidents, il y a les employés loyaux, qui, à force de calquer leur vie sur les exigences de leur direction, craquent sous la pression. Mais il existe une autre typologie, celle des collaborateurs dont le potentiel à court terme n'est pas jugé assez élevé. Ces derniers peuvent être désignés selon des critères objectifs tels que l'âge. On les juge non selon leurs compétences professionnelles, mais selon leur *« employabilité »*, c'est-à-dire leur capacité future à être performants et agiles. Passé quarante-cinq ans, ils sont le plus souvent mal vus. Les femmes qui ont des enfants ont une date de péremption plus précoce. Qu'importent leur ancienneté et leur mérite.

Quels sont les groupes qui opèrent cette sélection par l'âge ? C'est le cas notamment de l'entreprise publique belge Skeyes, chargée du contrôle de l'espace aérien belge. Fin novembre 2019, le tribunal du travail de Bruxelles l'a condamnée en première instance pour discrimination fondée sur l'âge. Le groupe refusait de convoquer des candidats de plus de vingt-cinq ans à des entretiens, car *« leurs performances cognitives feraient défaut »*. À la barre, l'avocat de Skeyes a brandi des études scientifiques démontrant la baisse des capacités cérébrales à partir de cet âge. Pour la direction, les neurosciences étaient le nerf de la guerre du recrutement. D'ailleurs, les dirigeants de Skeyes ne comprenaient pas pourquoi ils étaient les seuls à être pris la main dans le sac. Ils expliquaient qu'en France, en Allemagne, au Pays-Bas et au Luxembourg, d'autres groupes mettaient tacitement en place de telles limites d'âges. Mais n'étaient pas dénoncés[8]. Johan Decuyper, le P-DG de Skeyes, n'a pas hésité à appliquer cette règle de jeunisme impitoyable, alors qu'il a lui-même atteint la cinquantaine…

Aux États-Unis, en août 2019, le prestigieux cabinet de conseil en stratégie américain Boston Consulting Group (BCG) conseillait à l'entreprise Ford de licencier massivement ses salariés âgés de plus de cinquante-cinq ans, en dépit de bonnes évaluations sur leurs compétences[9]. Le seul objectif, cette fois, était de réduire le coût de la masse salariale en les remplaçant par des jeunes, dotés de bas salaires. Pendant plusieurs mois, le cabinet s'est attelé à étudier l'arborescence de l'entreprise pour repérer les collaborateurs bénéficiant de l'ancienneté et les remplacer par des plus jeunes. Qu'importe qu'ils se soient dévoués à leur direction durant des années. Avant d'être des ressources, ils étaient d'abord un coût et une prise de risque, dans un univers où les directions veulent tout sécuriser pour les années à venir.

Évidemment, au BCG, les conséquences sociales n'étaient pas la priorité : la perte de droits à la retraite pour ces collaborateurs et ensuite, une perte de niveau de vie par rapport à ce à quoi ils avaient droit. Ainsi, Dowhan, une cadre dirigeante de cinquante-deux ans, avec vingt-neuf ans d'ancienneté, aurait dû toucher 1,1 million de dollars de pension de retraite – elle avait travaillé chez Ford jusqu'en mars 2021. Évincée en août 2019, elle ne touche que 552 000 dollars – soit la moitié de la somme à laquelle elle avait droit[10]. Quel paradoxe là encore, lorsqu'on sait que Rich Lesser, le P-DG américain de Boston Consulting Group, était âgé de cinquante-sept ans en 2019 et que la plupart des dirigeants du cabinet sont eux-mêmes des quinquagénaires[11] !

Comment imaginer que ces pratiques, relayées par le cabinet en stratégie BCG, soient le seul apanage des États-Unis ? En France, cette même logique est à l'œuvre. Patricia Blancard, la secrétaire nationale de la CFDT, soupire : « *Lorsqu'il s'agit de réduire le coût de la masse salariale, ce sont souvent les plus de quarante-cinq ans qui sautent les premiers. La masse salariale étant constamment ajustée sur le chiffre d'affaires, les quadragénaires et quinquagénaires sont systématiquement mis dehors*[12]. » Selon le Défenseur des droits, l'âge est le premier critère de discrimination ressenti par les employés du secteur privé. Avoir passé le cap des quarante-cinq ans est perçu comme un inconvénient par 27 % des salariés du privé[13]. Sur cette question, la France est la plus mauvaise élève de l'Union européenne. Alors que le débat sur les retraites est sur la table, l'Hexagone n'emploie que 37 % des actifs âgés entre cinquante-quatre et soixante-quatre ans, soit 5 points en dessous de la moyenne européenne[14]. À titre d'exemple, en Suède, le taux d'activité de cette tranche d'âge atteint les 70 %. En 2020, dans le cadre des plans sociaux, les plus de cinquante ans représentent les deux tiers du volume des ruptures de contrat enregistrées par Pôle emploi[15].

Dans un monde qui va toujours plus vite, les dirigeants – la plupart du temps d'un certain âge eux-mêmes ! – capitalisent sur les jeunes. Ils projettent tous les fantasmes sur eux en les imaginant agiles, multi-casquette et ultra-adaptés. Ils capitalisent également sur leurs salaires, moins élevés que ceux des collaborateurs avec de l'ancienneté. Ils en viennent à tenir des discours surprenants sur le plan juridique. C'est le cas de l'emblématique ex-patron de Danone, Emmanuel Faber, cinquante-sept ans, qui se félicite dans un entretien accordé aux *Échos* en mars 2021 d'avoir « *rajeuni les équipes*[16] », quelques semaines après son éviction du groupe par son conseil d'administration. Que veut-il dire par « *rajeunir* » ? Contactée, la direction de Danone réfute la mise en place d'une telle politique et assure : « *Il n'y a jamais eu de volonté de la part de la direction de l'entreprise de rajeunir ses équipes. Danone promeut la diversité et l'inclusion. Cela passe notamment par la diversité des profils, des plus jeunes aux plus seniors.* »

Sur le terrain, le processus de renvoi des salariés âgés de plus de quarante-cinq ans se base sur un mensonge : celui de faire croire que le plus âgé est devenu mauvais, alors qu'il est l'objet d'une logique d'exclusion cachée. Quant aux salariés ciblés, qu'importe qu'ils aient dédié deux ou trois décennies à leur entreprise. Au moment du licenciement, leur ancienneté, leur mérite et leur loyauté durant des années ne comptent plus. Ils sont poussés vers la sortie, comme s'ils venaient d'arriver dans la structure. Margaux Gilquin, est devenue, à quarante-huit ans, l'une de ces victimes du monde du travail à la suite de son licenciement économique. Six ans plus tard, en février 2014, elle décroche un CDD de six mois. Son salaire lui permet tout juste de louer une chambre de bonne dans le XIe arrondissement de Paris. Elle est néanmoins soulagée : « *Je renoue avec les W-C sur le palier, le Lavomatic le dimanche et la solitude le soir. Mais j'ai un travail*[17]. » Cette brune au fier port de tête trouve cet emploi précaire après huit ans de chômage. Licenciée brutalement de son poste d'assistante de direction dans un grand groupe informatique parisien en 2007, à quarante-sept ans, elle enchaîne les mois de chômage. S'est-elle reposée sur ses lauriers ? Elle s'est au contraire démenée. Elle a envoyé ses CV tous azimuts. Mais personne n'a répondu à ses candidatures.

Il est arrivé, cependant, qu'elle soit convoquée à un

entretien avec un responsable des ressources humaines. *« Je ne peux pas retenir votre candidature, vous avez l'âge de ma mère »*, lui lance une trentenaire à la fin du rendez-vous. *« Passé 50 ans, les neurones ne fonctionnent plus pareil »*, tance un recruteur d'une agence d'intérim. *« Si on vous appelle mamie, ça vous gêne ? »*, ricane un autre. *« À votre âge, un CDD, ce sera vraiment bien »*, lâche une autre avec une pointe de mépris. Margaux Gilquin range donc son diplôme, ses lettres de recommandation, ses CV. Elle comprend qu'elle est périmée. Son âge bloque son accès au marché du travail. Affolée par la violence de ces entretiens et l'impossibilité de trouver un poste, la quinquagénaire raconte son histoire et sa dégringolade dans la précarité dans un ouvrage, *Le Dernier Salaire*[18].

Dans le cabinet d'audit Capgemini Technology Services, par exemple, la CFDT signale que les ressources humaines ont l'habitude de donner des notes de potentiel. Sur le site de Montpellier, treize seniors de plus de quarante-cinq ans sont désignés par la pire catégorie, le « D », contre un seul de moins de quarante-cinq ans. *« Le fait que plus de 92 % des notes de potentiel D soient délivrées à des salariés seniors doit être clairement vu comme un élément qui laisse supposer une discrimination »*, s'indigne le syndicat dans une note[19]. Dans un premier temps, la CFDT demande les tableaux Excel originaux pour comprendre les décisions des ressources humaines. Elle se heurte à un refus. Pour obtenir gain de cause, elle porte l'affaire devant la cour d'appel en 2018, puis la Cour de cassation. Contactée en mars 2022, la direction du groupe minimise les faits : « *La procédure judiciaire, qui concerne un nombre très réduit de collaborateurs, est toujours en cours. Chez Capgemini, les collaborateurs sont évalués sur la base d'objectifs liés aux compétences et savoirs requis pour leur métier. En aucun cas le critère d'âge n'entre en ligne de compte.* » L'affaire est à présent devant la cour d'appel de Nîmes.

Le 9 septembre 2020, la Cour de cassation prononce un arrêt : « *Il est des proportions qui peuvent d'emblée apparaître comme suspectes. Ainsi, lorsque sur le site d'une entreprise où l'on délivre des "notes de potentiel", les salariés seniors se trouvent (très largement) surreprésentés parmi ceux qui se voient attribuer les plus mauvaises. Lorsque la conséquence de cette appréciation négative de leur "potentiel" est de nature à annihiler toute perspective de promotion professionnelle. Dans un tel cas de figure, les représentants du personnel sont fondés à craindre le développement de pratiques discriminatoires en raison de l'âge… Ils peuvent alors actionner le droit d'alerte dont ils disposent "en cas d'atteinte aux droits" des salariés*[20]. » Cette histoire illustre l'hypocrisie autour des évaluations des plus de quarante-cinq ans, parfois sous-notés, dans le but de justifier un licenciement ou de faire pression afin de conclure une rupture conventionnelle dans les mois qui suivent.

Ainsi, des dirigeants des ressources humaines nous assurent recevoir régulièrement des demandes de la part de la direction pour évincer des seniors. « *Le P-DG monde et le président de la filière française sont venus à plusieurs reprises me demander de procéder à des licenciements de personnes, liés à leur âge* », nous révèle l'un d'entre eux, dans le secteur de l'équipement dans l'industrie automobile. « *Pour acter le départ de ces gens, il suffisait de dire qu'ils ne convenaient plus à leur fiche de poste.* » Dans un groupe des services, un haut cadre nous confie, fataliste : « *Les jeunes sont jugés plus flexibles. C'est une croyance qui dit que le sang neuf, c'est mieux. Moi, j'ai dû mettre dehors des anciens à plusieurs reprises, sur le seul critère de leur âge.* »

Confrontés à ces licenciements abusifs, peu de seniors ont le courage d'aller devant les tribunaux. Pourtant, rappelons que toutes les entreprises qui jugent leurs employés obsolètes dès quarante-cinq ans et les renvoient pour ces raisons – en invoquant d'autres motifs – sont dans l'illégalité. L'article 1132-4 du Code du travail sanctionne sévèrement toute disposition ou acte pris à l'encontre d'employés et contraire aux règles prohibant la discrimination sur l'âge. L'article 225-2 du Code pénal prévoit des sanctions lorsqu'un refus d'embauche, une sanction ou un licenciement sont fondés sur une mesure discriminatoire en raison de l'âge. Les dirigeants, les responsables des ressources humaines et les managers qui acceptent de dénigrer une personne pour son âge avancé sont dans l'illégalité la plus totale. La loi du 27 mai 2008 a précisé ce dispositif et stipule qu'un senior fait l'objet d'une discrimination « directe » dans une situation où, en raison de son âge, il est traité de manière moins favorable qu'un autre.

Jeunes mères

Manifestement, beaucoup de directions outrepassent également la loi concernant les mères avec de jeunes enfants. Elles sont évaluées sitôt qu'elles ont eu leur premier, leur deuxième ou leur troisième enfant. Dans l'Hexagone, 21 % des femmes entre vingt-cinq et trente-quatre ans affirment avoir caché une grossesse le plus longtemps possible par crainte de la réaction de leur employeur[21]. Est-ce donc un hasard si, en France, l'âge moyen des mères à la naissance de leur premier enfant est toujours repoussé ? En 2015, il était de 28,5 ans. En 2021, il est de près de 31 ans[22]. Parmi les facteurs explicatifs notés par l'Insee : *« la place des femmes sur le marché du travail »*. Selon l'Union nationale des associations familiales (Unaf), un des premiers freins à la natalité est la difficile conciliation entre vie familiale et vie professionnelle[23].

Comme pour les seniors, on perçoit le phénomène d'éviction des mères dans les rapports du Défenseur des droits et les jugements rendus par les conseils de prud'hommes – juridictions de premières instances en matière de droit du travail : *« Le Défenseur des droits reste régulièrement saisi par des femmes pour des discriminations liées à la grossesse et à la situation de famille »*, écrit Jacques Toubon dans le rapport annuel d'activité 2018 – après six ans de mandat, l'ex-ministre de la Justice a quitté son poste en juillet 2020[24].

Les illustrations de ce phénomène ne manquent pas… Marie de Langhe, trente-quatre ans, trois enfants, exrédactrice et traductrice chez Eurostar, en témoigne. Début 2018, elle avait été nommée « spotlight » de la compagnie ferroviaire – une distinction que l'entreprise décerne à un collaborateur ayant repoussé ses limites. Mais, au printemps, elle déchante lorsqu'elle annonce à son employeur sa troisième grossesse. Selon elle, son supérieur ne lui adresse plus la parole. À son retour de congé maternité, elle sollicite un temps partiel, qui lui est refusé – ce qui lui paraît très contestable.

À force de batailler pour retrouver sa place, elle sombre dans une dépression. Six mois plus tard, elle est si vulnérable psychiquement qu'elle est licenciée pour inaptitude sur avis de son psychiatre. Le 8 mars 2022, elle affrontait son ancien employeur aux prud'hommes. Son avocate invoquait notamment les délits de harcèlement moral discriminatoire et de non-respect des obligations de prévention et de sécurité[25]. À la demande d'Eurostar, cette audience a été décalée au 29 novembre 2022. Face à ces accusations, le groupe n'a pas encore donné sa version.

En 2019, d'anciennes salariées de L'Oréal ont également attaqué leur employeur en justice pour leur avoir fait vivre une *« descente aux enfers »* quelques mois après la naissance de leur enfant. *« J'adore cette boîte, je ne crache pas dans la soupe, elle est pleine de femmes. Mais pas toujours avec enfants. Une fois devenue maman, on vous balade d'un endroit à l'autre. Ils ont tout fait pour que je parte »*, témoigne l'une d'entre elles dans *Libération*[26]. Interrogée par le journal avant l'audience prud'homale, la direction a admis quelques « *conneries managériales* », mais a nié la discrimination. Le groupe a surtout mis en avant son dispositif de crèches maison et le fait que 62 % de ses salariées soient aussi des mamans.

Qu'est-ce qui motive des managers – et des responsables de ressources humaines – à se mettre dans l'illégalité pour évincer ces femmes ayant des enfants en bas âge ? Delphine, la directrice des ressources humaines d'une filiale américaine de 3 000 personnes, quinquagénaire au caractère bien trempé, soupire : « *Parfois, des managers me demandent de congédier les femmes qui viennent d'accoucher. À chaque fois, je refuse et parfois je sollicite même une prime pour la jeune maman.* » Elle ajoute : « *Certains n'ont vraiment aucun état d'âme.* » Pourquoi ces demandes insistantes ? « *Ils sont obsédés par la performance de leur équipe* », répond la directrice des ressources humaines, qui nous explique que dans son entreprise l'évaluation des managers s'appuie en partie sur celle de leurs équipes. Ainsi, un chef qui a parmi ses subordonnés une personne au taux horaire plus bas que les autres peut craindre une baisse de résultats par rapport à l'année passée, ce qui entraînerait pour lui une mauvaise évaluation et d'être privé de bonus.

Dans le XVIIe arrondissement de Paris, Philippe, responsable des ressources humaines depuis une vingtaine d'années, tient des propos similaires. Le quinquagénaire a moins d'états d'âme. « *Durant ma carrière, des tonnes de fois, des managers m'ont incité à licencier des jeunes mamans. Généralement, leurs demandes étaient formulées à l'oral, dans le couloir, entre deux portes ou à la machine à café. Le manager me disait : "Julie est rentrée de congé maternité la semaine dernière. Son travail, cela ne va pas du tout. Tu me la vires." Je savais que la véritable raison était la réduction du temps alloué à son travail*[27] », raconte-t-il. Contrairement à Delphine, il a accepté les demandes des managers. Sa vision du monde du travail est cynique, il ne voit pas en quoi un refus de sa part pourrait changer les choses. Il a perdu foi en la capacité de l'entreprise à respecter les lois.

La loi du marché – désignée en interne comme « politique de l'entreprise » – est dans ce cas jugée au-dessus des autres lois ! À ceci près qu'il faut éviter de laisser des traces écrites, afin de ne pas être attaqué aux prud'hommes. *« Personne ne met ses pratiques par écrit, évidemment. Elles se transmettent entre DRH autour d'un verre »*, détaille Philippe. Pour faire pression sur la salariée à son retour de congé maternité, il n'a pas hésité à effectuer de petites visites dans les bureaux des responsables informatiques : *« Ces derniers peuvent récupérer les historiques de Google, pour peu que la salariée ait fait des courses sur Internet, éplucher ses notes de frais et fouiller ses SMS dans son portable professionnel, etc. »* Cette pratique, en France, est légale. Mais il est arrivé que le dirigeant fasse des entorses à la loi et mette en place à deux ou trois reprises un logiciel espion sur le téléphone personnel de ses collaboratrices à leur insu. *« C'est simple, il suffit que le manager envoie un lien sur WhatsApp vers une vidéo et lorsque la personne clique dessus, son téléphone est mis sous surveillance. »* De sorte que, si, avec un peu de chance, la personne a des problèmes dans son couple ou dans sa vie de famille, il est facile, lors d'un entretien, de la déstabiliser grâce à quelques allusions : « *Tu sembles avoir la tête ailleurs, tu n'as pas l'air investie, etc.* » Libres de choisir leur mode opératoire, certains managers n'hésitent donc pas à recourir au harcèlement moral, qu'ils justifient au nom de ce qu'ils pensent être le bien de leur entreprise.

Marion, ex-jeune cadre dynamique dans la filiale française d'un groupe leader du recrutement spécialisé dans l'intérim, basée à Paris, a mal vécu les mois suivant l'annonce de sa grossesse. Elle se souvient de la réaction de sa manager lorsqu'elle lui a annoncé l'heureux événement : « *Quelle bonne nouvelle pour toi mais quelle mauvaise nouvelle pour l'équipe !* », s'était exclamée la dirigeante. Dès le lendemain de l'échange, la cheffe sommait Marion de faire un point sur son travail tous les jours à la même heure – sans qu'un motif ne soit donné –, de lui faire écouter ses conversations téléphoniques et de lui montrer son cahier de notes. Ce flicage a pris de court Marion, qui n'avait jusqu'alors jamais subi de telles pratiques. Angoissée par cette mise sous pression, la jeune femme a développé un diabète gestationnel. « *Le stress, sans doute* », a indiqué le médecin. « *Moi, j'ai un mari. Il m'a soutenue. Mais les femmes seules qui subissent ce type de harcèlement, comment cela peut-il se terminer pour elles ? D'autres peuvent penser au suicide, même enceintes*[28]. »

Sur le plan social, ces pratiques ont un impact majeur. Combien de femmes avec enfant vivent aujourd'hui d'allocations chômage, de revenus de la CAF ou de petits boulots, parce qu'elles n'ont plus leur place en entreprise ?

« *C'est bien simple, j'ai fini par cacher que j'étais une mère solo avec un enfant. Si j'en parlais, ma candidature n'était pas retenue* », souffle Ariane, quarante-neuf ans, domiciliée à Nantes[29].

L'exclusion, principe de base des politiques de ressources humaines ? Il est peut-être temps de s'interroger sur cet étrange modèle.

18

Les businessmen du bien-être

Ce management totalitaire par beaucoup d'aspects engendre une pathologie majeure : celle de la duplicité et du mensonge. À l'extérieur, des groupes communiquent sur leur engagement en faveur du bien et se donnent des airs d'ONG. Tandis qu'en interne leurs salariés souffrent d'une organisation du travail souvent kafkaïenne. Cette duplicité entraîne un sentiment de schizophrénie chez les employés. Elle est comme un champignon vénéneux qui pourrit les entreprises de l'intérieur et les rend malade.

Comment ces pathologies se manifestent-elles au sein de nos multinationales ? La politique RSE (Responsabiltié sociétale des entreprises) des groupes est à cet égard très révélatrice. Pour plaire à leurs investisseurs et communiquer sur leur engagement, des groupes récoltent de multiples données. Issues de questionnaires, mais également de mesures sur la santé physique et psychique des collaborateurs, ces datas sont des atteintes à l'intimité des employés et accentuent la pression sur eux. Côté pile, l'entreprise communique sur son engagement en faveur du bien-être de ses salariés, côté face, elle les pousse à être performants dans leur vie privée (sport, sommeil, etc.).

Ces dernières années, on a assisté à la multiplication tous azimuts des critères extrafinanciers sur les marchés, notamment les critères Environnementaux, Sociaux et de Gouvernance (ESG). Ils entendent noter les sociétés sur leur engagement social et environnemental. Au lendemain du premier confinement, les groupes du CAC 40 les mieux notés selon ces critères n'ont reculé que de 19 % au premier trimestre, alors que les autres se sont affaissés de 27 %[1]. Avoir une belle vitrine sur le plan de l'environnement et du social a donc été reconnu comme un marchepied pour une meilleure performance financière.

En mars 2020, l'Autorité des marchés financiers (AMF) a dû introduire une nouvelle recommandation à destination des investisseurs opportunistes pour limiter les abus : « *Les sociétés de gestion sont soumises à une obligation d'information claire, exacte et non trompeuse, le* greenwashing *ne respecte pas ce principe* », a déclaré Benoît de Juvigny, secrétaire général de l'AMF, aux *Échos*[2]. De fait, les commanditaires de ces politiques idéologiques internes sont majoritairement les investisseurs – le plus souvent d'origine anglo-saxonne. Ils s'achètent une bonne conduite en imposant des chartes d'inclusion et des programmes drastiques de santé au travail, tandis qu'en parallèle, ils exigent un retour sur investissement.

Un des majors dans le domaine de l'hypocrisie est BlackRock[3], le plus gros gestionnaire d'actifs et le plus important investisseur dans les énergies fossiles du monde. En avril 2020, le fonds a pourtant été nommé conseiller sur les questions environnementales auprès de la Commission européenne. Larry Fink, son patron, ne cesse de témoigner de sa « *fulgurante conversion* » à l'écologie : « *Le changement climatique est en train de redéfinir complètement la finance internationale* », confie-t-il notamment aux journalistes du *New York Times*[4].

Depuis cinq ans, Larry Fink impose également aux entreprises dont il est actionnaire le respect de critères environnementaux drastiques. Au point de stopper ses investissements dans les énergies fossiles – en particulier dans la compagnie pétrolière saoudienne Aramco ? Pas sûr[5]. Car ce pape de la finance – qui gère plus de 6 000 milliards de dollars – semble devenir amnésique sitôt passé la porte des assemblées générales. En 2019, il ne soutient que cinq résolutions actionnariales sur les quarante et une en faveur du climat proposées par ses comités de direction. Une information révélée par l'organisation américaine Majority Action. Au contraire, des investisseurs tels que le Californien PIMCO, le Français BNP Paribas, l'Allemand DWS Group et le Britannique Legal & General Investment Management votent massivement pour les résolutions environnementales de leurs groupes, sans parader sur le plan de la communication.

Henry Kravis et George Roberts, multimilliardaires, ex-dirigeants du fonds KKR – ils ont annoncé leur départ à la retraite dans *Le Monde* en 2021 –, pourraient recevoir également la palme de l'hypocrisie. Eux aussi mènent de front politique financière drastique et campagne de communication éthique. Ils ont flairé le bon filon dès 2007. Cette année-là, l'acquisition par KKR de l'entreprise texane TXU – spécialiste des centrales à charbon – passe mal auprès de l'opinion publique. Quelques mois plus tard, la société d'investissement se verdit donc brusquement, en recrutant une directrice du développement durable et en lançant son « *Green Portfolio Program* » – un tableau de bord indiquant la performance environnementale des firmes en temps réel. Cette conversion des indicateurs économiques en indicateurs environnementaux lui permet de valoriser l'image du fonds d'investissement. « *À chaque enjeu environnemental correspond un enjeu financier* », fait remarquer à *La Tribune*, en 2010, la fameuse directrice du développement durable de KKR de l'époque, Elizabeth Seeger[6].

Chez KKR, cette conversion écologique de façade aboutit en tout cas à accentuer la pression sur les entreprises : « *Les sociétés dans lesquelles nous investissons auront inévitablement des problèmes si elles ne respectent pas l'environnement ou s'affranchissent des normes sociales ou de la réglementation. Notre succès dépend des réussites commerciales des entreprises dans lesquelles nous avons des participations. Sinon, nos clients ne nous confieront plus leurs capitaux* », déclare David Petraeus, le président actuel du fonds, dans un communiqué de la banque suisse UBS.

Beaucoup de patrons pâtissent de cette exigence de l'époque, tout en y prenant part. Parmi eux, il y a les P-DG des groupes détenus par ces investisseurs. Mais également, les dirigeants de leurs prestataires. Car ces exigences se répercutent souvent sur les cahiers des charges et sont également imposées aux fournisseurs de ces grands groupes. Plusieurs patrons de petites et moyennes entreprises (PME), implantées en région et qui travaillent pour le CAC 40, nous l'ont confirmé.

Sur le long terme, le prix à payer est la perte de

confiance généralisée. Un peu comme certains politiques, décrédibilisés par des promesses électorales opportunistes, des patrons se prennent les pieds dans le tapis lorsque les salariés réalisent le fossé entre les exigences éthiques qu'on leur impose et la politique sociale de leur groupe. Emmanuel Faber, l'ex-P-DG de Danone, en a été une illustration. Qui a oublié son discours à HEC, en juin 2016 ? *« Sans justice sociale, il n'y aura pas d'économie »*, avait-il martelé. Cinq ans plus tard, le patron de Danone cédait aux exigences de rentabilité accrue de ses actionnaires, demandant à aligner les objectifs de Danone sur ceux de son concurrent Nestlé. En 2021, Emmanuel Faber annonçait donc un plan social de 2 000 départs pour pallier la baisse de son action, en pleine crise sanitaire. Il prenait cette décision après avoir augmenté les dividendes de ses actionnaires de 8,2 % – alors que de nombreuses multinationales avaient décidé de les diminuer, au vu du contexte sanitaire et social[7]. Dans son plan, *« l'entreprise vise [...] une marge opérationnelle courante comprise entre 15 % et 20 % à moyen terme, avec le nouvel objectif d'atteindre [...] 15 % dès 2022[8] »*. Depuis son accession à la direction générale en 2014, les dividendes versés aux actionnaires ont ainsi augmenté de 40 %.

À quoi cela sert-il de jouer une petite musique sociale et solidaire lorsque l'action est au plus haut, puis de l'interrompre brutalement lorsque cette dernière baisse, afin de laisser place au plus trivial des pragmatismes ? Bien sûr, un dirigeant ne peut pas gouverner contre la volonté de ses actionnaires mais dans ce cas, pourquoi communiquer sur une supposée vertu de l'entreprise ? Pourquoi ne pas assumer qu'elle est d'abord soumise à des impératifs économiques, que ces derniers sont de plus en plus drastiques et qu'il est très compliqué d'avoir un contre-pouvoir face à des énormes fonds d'investissement anglo-saxons ? D'ailleurs, cette posture de *« patron social »* n'a pas aidé Emmanuel Faber à sauver sa peau. En mars 2021, le P-DG a été évincé du conseil d'administration. *« La mission de Danone était irréalisable, car il était demandé à Emmanuel Faber de réaliser plus de 14 % de bénéfices par an »*, note Laurence Dequay, journaliste au service économie de *Marianne*[9].

19

Chiffrer la santé

« Dans un conseil d'administration, nous avons l'obligation d'afficher un certain nombre de labels », explique une administratrice qui siège dans plusieurs entreprises, dont une du CAC 40 – elle ne souhaite pas donner son nom. *« J'ai perçu que ces mesures étaient réalisées à travers des questionnaires de satisfaction remplis par les salariés. En théorie, ces derniers sont libres d'y répondre. En réalité, ils sont relancés par des mails jusqu'à ce qu'ils s'exécutent. Les données sont ensuite compilées. »* Résultat ? *« La direction affirme que ces questionnaires de satisfaction sont anonymes, alors qu'en réalité ils permettent aux directions des ressources humaines d'identifier les collaborateurs concernés. Cet outil met en place un indicateur du bonheur. Ceux qui déclarent ne pas être heureux dans leur travail sont considérés comme des anomalies. »* Certaines directions transmettent ensuite ces données à des organes de certifications telles que B Corp – un label anglo-saxon – pour convaincre qu'elles prennent soin de la santé de leurs employés et fournissent de bonnes conditions de travail[1]. Une certification telle que *« Great Place to Work »* s'appuie également sur des données et des questionnaires anonymes adressés aux collaborateurs.

Audit du sommeil

Pour obtenir ces fameux chiffres, les grands groupes peuvent faire appel à des prestataires externes. Goalmap, une PME spécialisée sur ce créneau, propose par exemple aux sociétés des outils de gestion de la performance, en se basant sur le capital santé de leurs équipes. Tout commence par un audit de la qualité du sommeil, de la gestion du stress, la nutrition et l'activité physique. Ensuite, des solutions de développement personnel et des ateliers sur la qualité du sommeil sont proposés. La PME compte de prestigieux clients tels qu'Amazon, la Caisse d'Épargne, ExxonMobil, LVMH, LafargeHolcim, Carte Noire, Chanel. Sa promesse : *« Aider les entreprises à faire de la santé un levier de performance et bien-être au travail. »* Son slogan : *« Salariés en forme, entreprise qui performe »*.

Côté employés, l'offre se présente de façon ludique. Côté entreprise, c'est le retour sur investissement chiffré qui prime. Les DRH ont accès à toutes les données de santé, avec des analyses selon le sexe, la région, le type de poste. Même si, officiellement, les données sont anonymisées, ils connaissent le score de sommeil de leurs équipes. Ils savent par exemple si les collaborateurs sont *« gênés par le bruit au cours de la nuit »*. Les données sont actualisées régulièrement[2]. In fine, il s'agit d'améliorer le score global. Comment ? En multipliant les conférences, les ateliers sur le sommeil, la concentration, la mémoire et les formations.

Évidemment, l'impact de ces ateliers est ensuite mesuré sur un tableau de bord, et traduit en chiffres de performance. *« Le sommeil est gratuit, mais c'est une mine d'or ignorée par de nombreuses entreprises pour améliorer la productivité globale et réduire les coûts liés à l'absentéisme »*, assure la PME sur son site internet. Et d'égrener les chiffres clefs : les insomnies coûteraient 63 milliards de dollars en perte de productivité aux sociétés américaines, soit 1 967 dollars par an par salarié. Goalmap ajoute que, parfois, les apnées du sommeil sont en lien avec une prise de poids excessive : *« 15 % des Français sont concernés par l'obésité. »* De fait, les études montrent que le surpoids limite également la performance[3].

Monitorer l'activité physique

Kiplin, une autre start-up, s'intéresse de près à la vie intime des salariés[4]. Elle offre aux employeurs un service d'applications numériques de jeux sportifs. Elle travaille notamment pour la Caisse d'Épargne, Generali, Natixis, Total, GRDF. Du côté du collaborateur, la présentation est ludique. Il s'agit de télécharger une application pour faire des défis sportifs et compter le nombre de pas quotidien. L'employeur bénéficie d'un tableau de bord de suivi des exercices physiques. *« L'analyse des données des participants est restituée à l'entreprise, de manière anonymisée et collective »*, promet la jeune pousse sur son site internet. Certes, mais alors quel intérêt, pour les employeurs, de suivre en direct les efforts physiques de leurs salariés ? À chaque mise en place d'un programme bien-être est associé un objectif de rentabilité chiffré. Ces outils sont la porte ouverte à tous les abus. Un DRH pourrait-il bientôt s'enquérir du sommeil de son subordonné pour savoir si ce dernier a un bon équilibre ? Interrogée sur ses méthodes, la direction de Kiplin nous répond : « *Chez Kiplin, nous mesurons principalement l'activité physique de nos participants, ainsi que leurs interactions avec l'application. Cela nous permet de mesurer le taux d'inactivité physique des participants avant et pendant les jeux, mais également de mesurer la proportion de ceux qui sortent du seuil de sédentarité (une sédentarité qui est aujourd'hui très répandue, et avec de forts impacts sur la santé). Nous observons en moyenne une augmentation de 60 % du niveau d'activité physique pendant les jeux (comparé à avant le début des programmes). Il y a également une réelle prise de conscience des participants concernant leur (souvent faible) niveau d'activité physique et leur sédentarité. Les mentalités évoluent. En entreprise, nos clients observent une plus forte cohésion des équipes et le renforcement du lien social, avec une ambiance généralement plus détendue à la suite des jeux.* »

Comment les données récoltées sur les performances sportives des salariés sont-elles exploitées ? Qui tient le tableau de bord ? La direction s'explique : « *Notre équipe Data se charge de récupérer et d'agréger ces données pour en sortir des tableaux de bord sur le niveau d'activité physique des participants [...], mais mesure également les données démographiques des participants afin de mesurer les taux d'engagement. Ces tableaux de bord sont ensuite partagés [...]. Cela leur permet de mesurer l'efficacité du programme en interne [...], notamment avec le taux d'engagement et de participation, mais aussi d'observer l'évolution de l'activité physique des collaborateurs, et leur ressenti.* »

Outre le stockage et l'utilisation future de ces datas, la compilation de ces données chiffrées pourrait pousser les employeurs à ne recruter que des collaborateurs en bonne forme physique et psychique qui leur permettraient d'obtenir de bons scores. Plutôt que de changer l'organisation du travail et de limiter la course à la performance financière, ces employeurs ont trouvé une parade : ne recruter dans leurs équipes que des collaborateurs ultra-résistants.

Ce n'est donc pas un hasard si, dans les groupes, des directions veulent transformer les bien-portants en *« ambassadeurs »*, afin de faire pression sur les récalcitrants : *« Certains salariés, particulièrement motivés, peuvent servir de relais. Souvent eux-mêmes très sportifs, ils vont aider à diffuser les informations à tous les étages de l'entreprise, motiver leurs collègues, y compris les plus réticents, proposer d'animer des entraînements, organiser des initiations à certaines disciplines »*, suggère Bertrand Pulman, professeur de sociologie à l'UFR Santé, dans la revue *Harvard Business Review*[5]. Une position qui semble partagée par le groupe AXA : *« Les dirigeants qui désirent mettre en place des activités bien-être complexes peuvent solliciter certains salariés volontaires pour les inviter à endosser le rôle d'ambassadeurs pour des programmes d'activité physique mis en place »*, peut-on lire dans l'onglet « santé » du site internet du leader des assurances[6].

Détecter les supercontaminateurs

Au printemps 2021, la pandémie donne aux employeurs un prétexte supplémentaire pour s'introduire dans l'espace intime de la santé de leurs subordonnés et récupérer de nouvelles données. L'entrepreneur François Kruta, le patron de la start-up française Ubudu, met ainsi sur le marché un boîtier de mesure de la distanciation sociale entre les collaborateurs. Il reçoit plus d'un million et demi de commandes. Les clients sont des entreprises américaines, des institutions asiatiques, mais également des PME françaises du secteur du BTP et des nouvelles technologies. Quelques grosses structures comme Vinci Autoroutes qui, selon nos informations, aurait acheté plusieurs milliers de boîtiers – contactée, la direction n'a pas souhaité nous répondre[7].

Les fameux boîtiers se présentent sous la forme de rectangles blancs. Ils vibrent dès que la distanciation sociale entre deux collaborateurs n'est pas respectée. Les salariés n'ont pas de bouton on/off. Seul l'employeur peut paramétrer le produit selon la distance qu'il souhaite. L'intention affichée derrière cette innovation est vertueuse et tournée en faveur du bien-être, comme toujours : « *C'est pour éviter que les employés ne soient malades et pour détecter les supercontaminateurs* », se défend François Kruta. Mais en réalité l'outil n'est pas anodin, car il récolte des données qui fournissent à la direction des informations précises sur ses collaborateurs : qui ces derniers voient, avec qui ils déjeunent à la cantine, s'ils sont isolés dans leurs équipes, etc. « *Nous donnons accès à la durée des contacts humains, à leur fréquence et à l'identité de ceux qui se croisent*[8] », reconnaît François Kruta qui ne semble pas percevoir les possibles dérives d'un tel dispositif.

Auditer la santé mentale

La crise sanitaire a donc accéléré l'intrusion des entreprises dans la santé de leurs collaborateurs. Au lieu d'améliorer l'accès à la médecine du travail et de revoir à la baisse leurs objectifs, certaines directions des ressources humaines s'attellent à auditer le niveau de stress de leurs employés et s'immiscent toujours plus dans leur intimité.

De fait, en novembre 2020, l'assureur AXA a annoncé le lancement d'un vaste programme pour l'ensemble de ses équipes dans le monde, intégrant un bilan de santé digital personnalisé tous les deux ans ainsi qu'un check-up complet financé tous les quatre ans pour les plus de quarante ans. *« Chaque collaborateur pourra effectuer un bilan médical complet physique ou digital en fonction de son âge, bénéficier d'une vaccination annuelle contre la grippe, et participer à des journées d'information et de sensibilisation organisées dans les locaux d'AXA pour mieux prévenir les risques*[9] *»*, écrit le groupe dans un communiqué de presse.

La même année, la start-up digitale cotée en Bourse Alan Mind met sur pied un programme de mesure de la santé psychique de ses collaborateurs. Grâce à une application, les directions des ressources humaines peuvent suivre *« en continu »* le niveau de bien-être et d'engagement de leurs équipes. L'outil met en relation les employés avec des coachs pour les aider à améliorer leur taux de stress. L'application promet ainsi *« un impact immédiat sur le bien-être, la productivité et la rétention »*. Parmi les clients, on compte l'entreprise Brut et des groupes américains.

Comme toujours, la start-up garantit la protection des données selon les règles du RGPD (Règlement général sur la protection des données). Mais elle ne se cache pas de fournir des tableaux de bord détaillés aux directions des ressources humaines.

En 2018, le médecin Bernard Jouanjean, du CES Santé travail et radioprotection, rappelle dans *Les Échos* que seul le médecin de santé au travail a les compétences pour mesurer les risques psycho-sociaux et faire de la prévention : *« L'intégration des médecins de santé au travail en entreprise est insuffisante quand on considère son action. Son absence de rôle exécutif face à d'autres organismes internes dits de prévention le place à part et finalement l'isole. Seule sa personnalité peut s'imposer sur plusieurs points : la gestion de la santé et la gestion des risques physiques et psychiques entrepreneuriaux (...) Comme conseiller du chef d'entreprise, comme il est spécifié dans le Code du travail, il devrait s'intégrer au fonctionnement de l'entreprise, faire partie du Comex (Comité exécutif), ce que réprouvent violemment certains DRH qui pensent que ce positionnement apparaîtrait comme une prise de pouvoir*[10]. » Et pour cause : les médecins du travail n'hésitent pas à remettre en cause l'organisation du travail, lorsque celle-ci génère des horaires à rallonge. Les coachs et les psychologues, eux, sont recrutés pour accompagner les employés dans le but d'optimiser leur rentabilité et de soutenir leur engagement.

Chez Danone, Agnès Rokicinski, ex-responsable pilotage de formation, qui a fait un grave burn-out, peut en témoigner. Épuisée par les horaires à rallonge, elle a été accompagnée pendant plusieurs semaines par un coach interne. Aujourd'hui, elle s'apprête à attaquer le groupe agroalimentaire aux prud'hommes du tribunal de Bobigny pour *« non-respect de l'obligation de sécurité du salarié »*. Elle explique : « *Jamais, au vu de mon état d'épuisement, ma charge de travail n'a été revue à la baisse. Pour parvenir à atteindre mes objectifs, il me fallait travailler tous les soirs et les week-ends. L'environnement toxique et la surcharge de travail structurelle m'ont fait exploser en plein vol. J'ai commencé à avoir des pensées suicidaires. Sur dix personnes, je suis la quatrième à être partie pour épuisement ou dépression.* »

Franca Salis-Madinier, secrétaire nationale de la CFDT Cadres, s'inquiète de la finalité future de ces données, qu'elle juge insuffisamment protégées par le RGPD. Pour cette experte des questions liées à l'intelligence artificielle, ces datas pourraient être utilisées par des employeurs pour faire de l'analyse prédictive, produire des classements ou encore de l'aide à la décision. *« L'intelligence artificielle exploitera un nombre croissant de données à l'avenir. Cette exigence des données entre en conflit avec le principe de la protection des données personnelles et l'utilisation qu'on en fait »*, alerte la syndicaliste. De fait, aujourd'hui, les mastodontes américains tels que Google, Microsoft ou Amazon ne sont plus les seuls à récupérer des données sur les usagers. Toutes les entreprises engrangent des datas sur leurs salariés.

La grande bataille du contrôle a commencé…

20

Des salariés atomisés

« *On peut dire que l'explosion des notations, des classements et des indicateurs a produit finalement un capitalisme en miettes*[1] », note l'économiste Pierre-Yves Gomez. Aujourd'hui, force est de constater que ce sont les salariés qui sont en miettes. Jamais ces derniers n'ont été autant atomisés par l'organisation du travail. Alors que les directions ne cessent de leur dire qu'ils doivent avoir un « esprit d'équipe », l'organisation du travail s'articule de façon à les séparer les uns les autres, à les isoler et à les introduire dans un monde de compétition accrue. Selon une étude, entre 2012 et 2015, 85 % des entreprises utilisaient des entretiens d'évaluation individuels chiffrés comparatifs. Le collègue est aujourd'hui de plus en plus réduit au statut de concurrent.

Cette solitude acte une dimension totalitaire du système financier capitaliste : « *Les mouvements totalitaires sont des organisations massives d'individus atomisés et isolés* », écrivait précisément Hannah Arendt dans *Les Origines du totalitarisme : le système totalitaire*. De plus, la modélisation des salariés selon des critères comportementaux génère la destruction des singularités. Les employés ne s'expriment plus spontanément, ils utilisent un langage formaté, adapté aux codes de leur entreprise. Soumis à la norme de l'hyperperformance psychique, émotionnelle et cognitive, ils ne peuvent plus garder leur comportement propre, mais doivent adopter celui correspondant aux codes de leur entreprise. Certains délaissent également progressivement leurs valeurs personnelles pour assimiler celles de leur direction.

Sur le plan de la santé, cette atomisation des relations humaines se traduit par un effondrement physique et psychique massif. *« Depuis une dizaine d'années, je vois un vrai changement. Je perçois un gros mal-être chez les salariés, qui ne cesse d'empirer. Je vois des gens devenir profondément malades à cause de leur travail. Ces derniers sont dans une logique de perfectionnisme. Ils n'arrivent pas à la hauteur de ce qu'on leur demande*[2] », s'alarme l'avocat en droit du travail Me Guillaume Boulan.

Jean-Claude Delgènes, président de Technologia – le leader dans la prévention des risques psychosociaux –, le confirme : *« Les personnes, parce qu'elles avaient peur de perdre leur emploi, se sont mises à travailler de façon compulsive huit à dix heures par jour, dans une démarche sacrificielle. Au lendemain de la crise sanitaire, nos équipes perçoivent un mal-être à tous les niveaux. Ces débordements multiples de la sphère professionnelle sur la sphère personnelle sans récupération physiologique se traduisent par des AVC, des infarctus et des dépressions. Ce mal-être génère également une très forte croissance de l'absentéisme, en raison de l'épuisement professionnel*[3]. »

La pandémie a accéléré ce double processus de surengagement d'une part et de solitude de l'autre. La frontière entre le personnel et le professionnel a définitivement été abolie, la dimension sociale et humaine des relations entre collègues a reculé. « *Normalement, les gens ne restent que trois-quatre ans chez Bain, mais avec le Covid, le turn-over a explosé. Les gens ne restent plus qu'un an et demi en moyenne. Le Covid a fait disparaître la dimension humaine de notre métier. Cela l'a rendu froid. Depuis l'avènement du télétravail, le taux de rotation est hallucinant* », témoigne Thomas, ancien consultant du prestigieux cabinet de conseil en stratégie Bain. Selon le baromètre d'Empreinte Humaine, cabinet spécialisé dans la prévention des risques psychosociaux, et d'OpinionWay, le nombre de cas d'épuisement professionnel a augmenté de 25 % entre juin et octobre 2021[4].

Dans ce temps de crise, les syndicats – derniers collectifs du monde du travail – pourraient jouer leur rôle. Mais ils ont eux-mêmes de plus en plus de difficultés à suivre leurs pairs : 59 % des comités sociaux et économiques (CSE) manquent d'échanges avec les employés[5]. « *D'abord, il y a eu les confinements, puis le télétravail, ensuite les obligations de manger devant son ordinateur. Toutes ces directives ont isolé les salariés et complexifié le dialogue social* », s'alarme Jean-Luc Soutoul, délégué du personnel Union nationale des syndicats autonomes (UNSA) chez VitalAire, une filiale d'Air Liquide[6]. Ce chef de projet est également référent national en matière de santé au travail et membre de la Commission nationale sécurité et santé au travail (ancien CHSCT).

Au lendemain des confinements, beaucoup d'entreprises ont multiplié les réorganisations et les plans sociaux.

Dans ce cadre, comment prendre le pouls social d'une entreprise ? Une personne en difficulté se trouve doublement isolée : avec le télétravail, elle ne bénéficie plus des cafés et des déjeuners d'entreprise avec ses collègues et elle perd les occasions de rencontrer les syndicats dans les locaux.

À l'échelle nationale, Jean-Claude Delgènes, le président de Technologia, perçoit ce double problème : *« La pandémie a accentué les tensions dans les entreprises. Tandis que les relations entre les élus et les collaborateurs se sont distanciées. »* Ce paradoxe risque de s'installer durablement dans le temps. *« De plus en plus d'entreprises mettent en place du flex-office, c'est-à-dire qu'elles suppriment les places attitrées de leurs employés. Pour elles, l'objectif est de déménager dans des locaux plus petits et de faire des économies sur leurs loyers. »*

Cette situation est d'autant plus complexe qu'elle survient dans un contexte de fragilisation du dialogue social. La loi El Khomri de 2016 – votée durant le quinquennat de François Hollande – et les ordonnances d'Emmanuel Macron de 2017 ont fusionné toutes les instances – les délégués du personnel (DP), le comité d'entreprise (CE) et le comité d'hygiène, de sécurité et des conditions de travail (CHSCT) – en une seule entité, le fameux CSE. Sous prétexte de simplifier le Code du travail, ces ordonnances ont déséquilibré encore un peu plus les pouvoirs au sein des entreprises. Résultat : sur le terrain, en 2021, Technologia mesure une baisse de 30 % des élus du personnel. La même année, le comité de suivi désigné par le gouvernement pour réaliser un bilan de la loi travail et des ordonnances

Macron rend son rapport et écrit : « *L'élargissement et la concentration sur le CSE d'un champ très vaste de sujets à aborder ne crée pas mécaniquement une meilleure articulation des enjeux stratégiques, économiques et sociaux, et peut constituer un élément de fragilisation de l'engagement des élus (surcharge de travail de représentation, difficultés de conciliation avec l'activité professionnelle, parfois renforcées pendant la crise en raison de la forte sollicitation des instances existantes, manque d'expertise sur l'ensemble des sujets, etc.).* »

Ceux qui sont encore en fonction sont débordés et ne parviennent plus à gérer toutes les demandes. « *Depuis les ordonnances travail de 2017, beaucoup de représentants du personnel n'ont plus le temps de préparer les négociations. Ils deviennent le bureau d'enregistrement de ce que souhaitent les directions générales d'entreprise* », fustige Jean-Luc Soutoul. Et de poursuivre : « *Nous n'avons également plus le temps ni les moyens de défendre correctement les salariés. Pour résister à la pression, il faut être hyperstructuré.* » Et il sait de quoi il parle. En 2018, il a dû être arrêté en raison d'un épuisement professionnel.

Chez Technologia, Jean-Claude Delgènes établit le même constat : « *Les CSE n'ont plus le temps de questionner des points essentiels, tels que les dérives concernant les techniques de recrutement !* ». Franck Herrmann, responsable CFDT communication, conseil, culture (F3C), observe un épuisement similaire chez ses délégués du personnel : « *Depuis les ordonnances Macron, les élus centralisent tout. Cette surcharge de travail les empêche de régler les problèmes du quotidien.* » Affaiblis, les syndicats n'ont plus les moyens d'être un contrepoids suffisamment solide face aux directions générales d'entreprise. Jean-Luc Soutoul explique : *« Des multinationales imposent souvent des règles internes en décalage avec le Code du travail français. Et les salariés méconnaissent leurs droits »*.

À cet affaiblissement des contre-pouvoirs, il faut ajouter un déséquilibre majeur des rapports de force. Historiquement, les prud'hommes permettaient de régler les différends devant le tribunal. Lancer à son chef : *« Cela se réglera au tribunal ! »* pouvait, il y a quelques années, calmer le jeu. Mais aujourd'hui, la menace fait rire plus d'un dirigeant. *« Des directions collaborent avec des avocats de cabinets d'affaires tels que TAJ ou Barthélémy, qui connaissent les moindres rouages du droit du travail. Ces derniers conseillent les employeurs sur les lignes rouges à ne pas dépasser pour licencier un de leurs subordonnés et éviter de se trouver aux prud'hommes. Certains profitent de ces conseils pour déstabiliser les personnes, tout en gardant en tête les règles évitant le procès »*, nous explique un dirigeant des ressources humaines. Depuis 2014, Emmanuel Macron a plafonné les indemnités accordées par les tribunaux prud'homaux aux employés licenciés abusivement. En 2021, cette mesure a généré un resserrement des indemnités versées à ceux qui avaient entre deux et cinq ans d'ancienneté. *« En cela, il [le plafonnement des indemnités] concourt à l'objectif initial d'une plus grande prévisibilité du coût de ces licenciements pour les employeurs*[7] *»*, note le comité de suivi chargé d'élaborer le bilan des ordonnances Macron. En juin 2022, le Comité européen des droits sociaux (CEDS) a jugé que le plafonnement des indemnités prud'homales en cas de licenciement injustifié constituait une « *violation* » de la Charte sociale européenne. « *Les plafonds prévus par [le] Code du travail ne sont pas suffisamment élevés pour réparer le préjudice subi par la victime et être dissuasifs pour l'employeur* », a-t-il précisé.

En 2019, la loi PACTE – un Plan d'action pour la croissance et la transformation des entreprises, visant à mieux partager la valeur créée par ces dernières – a imposé un quota d'un ou deux administrateurs salariés pour les groupes de plus de 1 000 personnes. Cette avancée a assaini l'atmosphère renfermée de nombreux conseils d'administration, mais elle n'a pas réglé entièrement le dysfonctionnement dans l'équilibre des pouvoirs. Dans la réalité, la voix des collaborateurs, dénués de réseaux et de pouvoir, pèse d'un poids plume face aux mastodontes du monde des affaires qui les entourent. En septembre 2019, dans *Les Échos*, la journaliste Laurence Boisseau évoque des conseils d'administration en deux temps : « *le premier sans les administrateurs salariés, le second avec*[8] ». Marie-Christine Lebert, administratrice salariée chez Worldline, tempère ce propos : « *Jamais je n'ai vu de conseils d'administration excluant les administrateurs-salariés !* » Après avoir suivi une formation dédiée à la gouvernance d'entreprise, Marie-Christine se réjouit d'accéder à la stratégie du groupe et d'y apporter sa vision du terrain. Mais elle déplore de ne pas avoir suffisamment de poids face à une assemblée de cinq administrateurs tous cooptés par les actionnaires. « *Il faudrait que les employés représentent un tiers des conseils d'administration, comme dans les entreprises publiques »*, estime-t-elle, rejoignant en cela, sans le savoir, Henri Proglio qui, chez EDF, a perçu *« une émulation dans le dialogue social et l'équilibre des pouvoirs »*.

21

La grande désillusion

« *Regarde-les, mais regarde-les donc : d'un bout du champ à l'autre, ils courent. Après quoi, je te le demande, hein ? Crevés comme moi, ils sont, le soir. Ils s'endorment fatigués et ils se réveillent plus fatigués encore. Et ça continue, et ça n'en finit pas de durer et d'être pareil. Pfff ! [...] Dis donc, chien, paraît qu'on condamne des gars aux travaux forcés. Je connais ça, les travaux forcés, pourtant je n'ai rien fait, moi.* » Ce discours d'Alexandre à son chien, dans le film *Alexandre le bienheureux*, sorti en 1968, pourrait être celui du salarié épuisé psychiquement.

Car, après le temps de la loyauté, vient celui de l'épuisement. Un épuisement structurel, qui s'ancre dans une instabilité permanente. En 2015, la Direction de l'animation de la recherche, des études et des statistiques (Dares) révélait que 45,6 % de ces contrats étaient rompus avant un an pour les employés de quinze à vingt-quatre ans[1]. La moitié du fait des directions – par le biais de ruptures de période d'essai ou de ruptures conventionnelles. L'autre, du fait des salariés – via des démissions. En trente ans, le marché de l'emploi s'est considérablement fragmenté, certains employeurs cherchant une flexibilité maximale. En 2014, selon l'Insee, neuf embauches sur dix se faisaient sous la forme de CDD ou de contrats d'intérim. De cent douze jours en 2001, la moyenne du CDD est passée à quarante-six jours en 2017.

Qu'il est loin le temps où nos parents restaient dans la même entreprise pendant dix à vingt ans avec un contrat à durée indéterminée ! La mue financière des entreprises se traduit par une précarisation généralisée, un stress démentiel et une perte de sens. Du côté des cadres, certains en prennent leur parti et entretiennent une relation utilitariste à leur travail. « *Les salariés, qui signalent avoir connu au moins un important changement dans leur travail au cours des douze derniers mois (changement organisationnel, changement technique, changement d'équipe de direction, restructuration, déménagement), voient nettement moins de sens à leur travail, toutes choses égales par ailleurs*[2] », note la Dares dans un rapport publié en 2021.

Ces changements permanents et cette instabilité structurelle génèrent une dévaluation de la valeur du travail. À quoi bon ? À quoi bon se tuer à la tâche ? Si l'entreprise impose au cadre un serment de fidélité, mais qu'elle, elle ne le respecte pas, pourquoi s'engager pour elle ?

Aux États-Unis, où l'idéologie de la surperformance se matérialise de façon plus brutale qu'en France, des salariés, révoltés par le manque de considération de leurs employeurs, ont démissionné massivement après le confinement. Selon le bureau des statistiques américain, ils sont 4,3 millions à avoir quitté leur entreprise en août 2021, 4 millions en septembre et 4,2 en octobre de la même année. Le mouvement est tel qu'il est appelé officiellement *« The Great Resignation »* (« La Grande Démission »). *« Il y a actuellement près de 11 millions d'offres d'emploi non satisfaites. Là encore, c'est du jamais-vu depuis le début du millénaire »*, notait l'agence américaine Associated Press (AP) en octobre 2021.

En France, après la pandémie, les Français n'ont qu'un seul mot à la bouche : « liberté ». Leur demande va dans le sens inverse du mouvement de mainmise des entreprises sur la vie privée des employés. Ces derniers, au contraire, veulent prendre en main leur carrière et leur existence sans avoir de comptes à rendre à personne. Ils souhaitent également nouer des relations sociales authentiques. Après le confinement, un tiers d'entre eux affirmaient être d'abord motivés par les retrouvailles avec leurs collègues[3]. À l'avenir, ils demandent de *« mieux concilier vie personnelle et vie professionnelle »* (50 %), *« changer de rythme de travail »* (41 %) et *« faire davantage de télétravail »* (30 %).

La fragmentation du marché de l'emploi

En France aussi, le mouvement est massif. Selon le site Cadremploi, 83 % des cadres français songent à se réorienter[4]. Une étude de Centre Inffo confirme la tendance : 47 % des actifs seraient en train de se reconvertir, ou envisageraient de le faire. *« Je me suis reconverti. Mais j'ai divisé mon salaire par deux. »* Chez les anciens étudiants en école de commerce, aujourd'hui trentenaires, cette phrase est devenue bateau. Généralement, elle suit une autre déclaration, prononcée plusieurs mois plus tôt : « *J'ai fait un burn-out.* »

Jean-Claude Delgènes, président de Technologia, analyse ce mouvement : « *Le confinement a fait réapparaître les aspirations d'une partie de la population. Sur le marché de l'emploi, on voit un net changement. Il y a une recherche de qualité, avec des demandes d'augmentation des salaires. Les gens ne veulent plus subir de mauvais horaires ou de mauvaises conditions de travail. Il y a des offres auxquelles les gens ne répondent même plus, comme les chauffeurs de bus, en raison des salaires trop bas. À présent, les entreprises peinent à recruter des cadres. C'est un fait inédit en France. L'aspiration à travailler différemment et à obtenir une réelle autonomie justifie ces refus de prises de poste.* »

En juin 2021, selon le septième baromètre d'OpinionWay, 74 % des travailleurs disent ne pas vouloir retrouver leur vie professionnelle d'avant. La crise généralisée qui formait une toile de fond avant le Covid s'intensifie. En attendant de se reconvertir dans le métier de leurs rêves, ou lorsqu'ils réalisent qu'il est trop compliqué de changer de métier, des cadres s'inventent des postes sur mesure. Ils se lancent dans le business du multi-casquette. Ils sont de plus en plus nombreux à sortir du marché du travail classique pour créer un statut d'auto-entrepreneur, avec tous les risques que cela représente (perte des droits au chômage, protection de santé, etc.). En 2021, près de 1 million d'entreprises individuelles, plus précisément

995 900, ont vu le jour dans l'Hexagone. Ce qui représente une augmentation de +17 % par rapport à 2020.

La révolte des étudiants

Certains préfèrent la précarité à l'engagement dans une entreprise classique. Ils sont prêts à tout pour gagner cette liberté, qu'ils ne peuvent avoir lorsqu'ils sont liés à un employeur. À force d'imposer la loyauté à leurs salariés, les multinationales concernées suscitent une allergie au monde du travail et une fragmentation de l'emploi. Cette évolution est inquiétante, car elle pourrait générer un principe du *« chacun pour soi »* et détricoter le maillage des entreprises classiques. Lors de la remise des diplômes à AgroParisTech en juin 2022, des étudiants ont appelé leurs pairs à déserter. *« Pondre des rapports RSE d'autant plus longs et délirants que les crimes qu'ils masquent sont scandaleux [...], ces jobs sont destructeurs. »* Et de poursuivre leur harangue : *« Quelle vie voulons-nous ? Un patron cynique, un salaire qui permet de prendre l'avion ? Même pas cinq semaines par an pour souffler dans un gîte insolite ? [...] et puis, un burn-out à quarante ans[5] ? »*

Idéalisme de la jeunesse ou prise de conscience salutaire ? Combien, parmi ces étudiants, ont eu des parents atteints d'une dépression professionnelle ou aux prises avec des difficultés relationnelles au travail ? Le danger de tels propos réside dans la tentation du nihilisme. Les étudiants qui ont prononcé ces discours ont tourné le dos au monde du travail pour s'engager dans des ONG politisées. Or, de nombreux entrepreneurs laissent entrevoir une lueur d'espérance, qui peut déboucher sur une transformation du marché du travail en faveur de logiques de long terme.

La revanche des citoyens

Philippe Royer, l'ex-patron des Entrepreneurs et dirigeants chrétiens (EDC) – un mouvement qui représente plus de 3 000 dirigeants –, perçoit la fin de l'économie linéaire et le début d'une économie circulaire. Il est optimiste et voit dans la crise des Gilets jaunes l'opportunité pour les patrons français ancrés en région de cumuler prise en compte des plus vulnérables, économie *made in France* et logique entrepreneuriale. Au sein de son mouvement, le discours a un écho. Mais au Mouvement des entreprises de France (Medef) cette posture suscite parfois une forme de scepticisme.

Ce fut le cas le 13 décembre 2019 au Collège des Bernardins à Paris, où le mouvement des patrons chrétiens organisait une rencontre avec des pointures du monde économique. Pour lancer l'événement, un débat avait lieu entre Philippe Royer, Geoffroy Roux de Bézieux, président du Medef, et François Asselin, à la tête de la Confédération des petites et moyennes entreprises (CPME). Tandis que Philippe Royer évoquait *« l'accueil de la fragilité en entreprise »*, Geoffroy Roux de Bézieux et François Asselin faisaient des petits sourires en coin. Et le patron du Medef de donner sa propre vision : *« Le bien commun, c'est d'abord entreprendre. »* Il a fallu attendre la fin du débat pour que le patron du Medef tente une formule hasardeuse : « *L'homme ne vit pas que de pain et donc il a besoin aussi d'espérance, il a besoin d'utopie, c'est-à-dire qu'on ne peut pas être prospère sans être utile. On ne peut pas être utile sans être prospère.* » À maintes reprises, nous avons tenté de contacter Geoffroy Roux de Bézieux pour obtenir un point de vue détaillé sur sa vision sociale. Nos demandes de rendez-vous ont toutes été déclinées.

Chez certains dirigeants chrétiens, il y a une réelle prise de conscience. Yann Bucaille, fondateur des Cafés Joyeux, en est la preuve. Dans ses chaînes atypiques, les salariés sont des travailleurs avec un handicap. Fondée en 2017, cette chaîne de restauration solidaire détient neuf restaurants en France et a, en 2022, un effectif de 90 travailleurs handicapés mentaux et cognitifs, encadrés par 35 managers : « *Pour monter une telle entreprise, il faut accepter de diminuer un peu le niveau de performance, de renoncer au rendement que l'on pourrait avoir dans une entreprise employant majoritairement des travailleurs non handicapés*[6] », détaillait Yann Bucaille dans *Les Échos Entrepreneurs* en 2018. Dans les Cafés Joyeux, le sens du travail est intrinsèque au modèle de la structure.

Au-delà des cercles chrétiens ou écolos, des citoyens ancrés dans leur région se reconvertissent sur le créneau du bio et du *made in France*, à rebours du mouvement actuel de mondialisation. Ces jeunes entreprises retissent un maillage local détricoté par les multinationales. Elles fidélisent leurs clients grâce à la notion d'achat vertueux. Leur modèle étant sain, elles n'ont pas besoin de dépenser des milliers d'euros pour faire de la publicité ou de la communication. Elles n'ont pas non plus à booster leur marque ou à se lancer dans des initiatives politiques. C'est le cas de la structure coopérative « C'est qui le patron ?! ». Lors d'une journée printanière 2019, nous rencontrons son fondateur et dirigeant, Nicolas Chabanne[7].

Lunettes rondes et air bonhomme, le patron scrute ses graphiques de ventes et mesure le degré de verticalité des courbes. Il s'enthousiasme des records de vente. Il est fier de réussir ainsi sans panneaux publicitaires, sans commerciaux, sans politique interne. Avoir joué la carte de la transparence totale vis-à-vis des clients a généré un raz de marée des ventes. Il égrène les chiffres. Et évalue le gain financier pour les producteurs de lait. C'est à la suite de leurs appels à l'aide qu'il a fondé C'est qui le patron ?!, selon le modèle démocratique de la Scic (Société coopérative d'intérêt collectif). Son impact social est positif. *« Le prix négocié par le producteur est non négociable »*, martèle Nicolas Chabanne depuis le début de la création de son entreprise. *« Les gens qui mettent en scène la RSE seront disqualifiés un jour »*, poursuit-il lorsque nous le rencontrons. *« Les producteurs de lait travaillaient sept jours sur sept et perdaient 120 euros par jour. »*

Après la pandémie, plus de la moitié des consommateurs indique avoir augmenté leur consommation de produits français[8]. Aujourd'hui, le marché est encore une niche. En 2017, il représentait 38 667 emplois et un chiffre d'affaires de 7,2 milliards d'euros. *« On n'est pas dans un effet de mode, mais dans une prise de conscience des consommateurs qui veulent de plus en plus donner du sens à leurs achats* », s'enthousiasme Fabienne Delahaye, fondatrice de MIF Expo, le salon des produits et innovations *made in France*, dans les colonnes des *Échos*. « *Les citoyens sont extrêmement conscients des enjeux d'emplois, de savoir-faire, de qualité des produits et d'environnement*[9]. »

22

Les bastions qui tiennent encore

Au sein du CAC 40, toutes les entreprises ne sont pas – encore – gangrenées par les dérives du capitalisme anglo-saxon. Certains groupes tiennent la route, car ils n'ont pas dérogé à leurs principes sociaux. Ils ont une marque de fabrique : la constitution de leur actionnariat en faveur des salariés ou d'une famille. C'est le cas du groupe Bouygues et – dans une moindre mesure – de l'entreprise de luxe Hermès. Bouygues – dans le secteur des services, de la construction et des médias – a été fondé par Francis Bouygues, puis dirigé par son fils, Martin Bouygues. La dimension familiale de cette société la protège contre la gestion de court terme. Au sein du CAC 40, Bouygues détient le pourcentage d'actionnariat salarié le plus élevé avec 20,6 % du capital et 28,9 % des droits de vote détenus par des collaborateurs, tandis que la SCDM – société par actions de la famille Bouygues – représente 24,40 % du capital et 29,40 % des droits de vote. Ce dispositif protège la société des assauts d'acteurs indélicats. Ainsi, en 1998, les employés du groupe s'étaient opposés avec la direction à l'entrisme de Vincent Bolloré[1].

L'entreprise Hermès est également une société familiale. Le groupe de luxe a été classé par la plateforme Glassdoor – un site qui recense les avis des salariés – à la tête des meilleurs employeurs en 2019. 234 collaborateurs ou anciens du groupe ont voté. 100 % d'entre eux ont recommandé Hermès et à l'unanimité ils ont approuvé le P-DG Axel Dumas – un des descendants de la famille Hermès, qui dirige aujourd'hui l'entreprise. Les avantages selon un ancien employé : « *Une très belle maison [...] avec une ambiance de travail bienveillante et des valeurs humaines.* » Les inconvénients : « *Les salaires ne sont pas très élevés mais la beauté du travail compense*[2]. » Avec sa croissance à deux chiffres et sa gestion de long terme – 23 % de croissance au premier semestre 2022[3] –, Hermès n'a pas besoin de multiplier les campagnes de communication et de transformer ses employés en athlètes ou en égéries publicitaires pour attirer artificiellement de nouvelles recrues et masquer une organisation du travail défaillante. C'est encore la constitution de son actionnariat qui a protégé le groupe des OPA hostiles. En 2011, les héritiers ont fait front pour barrer la route à Bernard Arnault, qui souhaitait monter dans le capital[4]. Les descendants des fondateurs des entreprises sont les mieux placés pour défendre ces valeurs sociales.

Est-ce donc un hasard si Hermès et Bouygues font partie des plus gros employeurs de France du CAC 40 ? Avec Orange (61 % de salariés français), elles sont les deux sociétés à avoir la plus grosse proportion d'employés en France – 61,9 % pour Hermès et 53 % pour Bouygues[5].

Alors que les multinationales tricolores réduisent massivement les effectifs dans l'Hexagone et augmentent les recrutements à l'international – pour des raisons d'optimisation financières –, ces deux groupes restent fidèles au poste. Enfin, ils ne multiplient pas les plans sociaux et ne sacrifient pas leurs bénéfices au seul profit de leurs actionnaires. Ces bastions doivent être d'autant plus préservés qu'ils sont un gage de stabilité et de long terme dans un contexte de tempête permanente. Ainsi, pendant la crise du Covid, les entreprises familiales ont été les plus solides.

Dans le secteur industriel également, les entreprises sont moins menacées par la tendance à l'obsolescence des compétences et au management comportemental. On ne recrute pas un ingénieur en fonction de son quotient émotionnel ou de son profil de leader inspirant, mais bien pour sa capacité à construire un pont ou à développer des innovations !

La réindustrialisation de la France, la préservation des sociétés à l'actionnariat familial, la valorisation des PME en région et du *made in France*, ainsi que la définition des valeurs sociales de nos entreprises sont des remèdes aux dérives de l'entreprise moderne anglo-saxonne. Mais il existe d'autres garde-fous accessibles à tous. Il suffit que chacun, à sa place, prenne conscience de sa responsabilité et refuse de laisser son employeur définir ses valeurs ou penser à sa place. Seul un sursaut, une prise de conscience, une réflexion de fond peuvent permettre de redresser la barre. Réfléchir et débattre de ce sujet crucial est un premier pas et un enjeu qui nous concerne tous.

Conclusion

Le monde qui vient sera-t-il bipolaire ? Un monde divisé entre, d'un côté, des multinationales transhumanistes et, de l'autre, des micro-entreprises ? Un monde divisé entre des salariés robotisés bien payés et des auto-entrepreneurs précarisés ? Aujourd'hui, le système ressemble étrangement à l'utopie *Le Meilleur des mondes* d'Aldous Huxley[1]. Ce récit, écrit en 1931 au lendemain du krach boursier de 1929, préfigure une société eugéniste. Conçus artificiellement, des individus sont conditionnés physiquement et psychologiquement pour garantir la continuité d'un système totalitaire. Ils sont considérés comme performants, mais ils n'ont pas de liberté de pensée. Tandis que d'autres, des « sauvages », sont conçus par des voies naturelles et échappent à ce formatage. Ils sont libres, mais ne bénéficient d'aucune reconnaissance de la société et ont une situation fragile.

Aujourd'hui, cette dystopie éclaire sur le dysfonctionnement de multinationales, qui cherchent à régenter toute la vie de leurs employés afin de les rendre performants sur les plans physique, psychique et cognitif, et de cette manière améliorer continuellement leurs résultats financiers. Ainsi lit-on dans le premier chapitre du récit d'Huxley le discours du médecin responsable des salles de conditionnement des bébés : « *L'amour de la nature ne fournit de travail à aucune usine (...) Nous conditionnons les masses à détester la campagne, mais simultanément nous les conditionnons à raffoler de tous les sports en plein air*[2]. »

Cette idéologie anglo-saxonne – celle de la rentabilité, du court terme, du jeunisme... – est comme un poison à diffusion lente pour nos entreprises. Pourquoi les dirigeants acceptent-ils de renier leurs valeurs pour intégrer ce discours hégémonique ? Les dirigeants, anciens patrons, que nous avons interrogés s'accordent sur l'urgence de construire un capitalisme européen axé sur le long terme. C'est la seule voie possible pour que les salariés aient encore foi dans le travail. Mais personne, pour le moment, ne réfléchit concrètement à poser des garde-fous à cette emprise occulte. Et les Français, eux, sont de plus en plus nombreux à quitter le marché de l'emploi pour l'auto-entrepreneuriat. Beaucoup ne supportent plus la loyauté totale et unilatérale que leur impose leur employeur. Ils veulent retrouver une liberté coûte que coûte. Certains décrochent même complètement en refusant tout « engagement » dans leur travail.

La « grande démission » pourrait-elle générer une prise de conscience chez les dirigeants ? À quand un grand débat citoyen sur le travail ? La question est aussi politique.

Notes

Introduction

1. Mercedes Erra est une femme d'affaires, fondatrice de BETC, première agence française de publicité et présidente exécutive de Havas Worldwide.

2. Gallimard, 1963.

3. Dans cet ouvrage, Hannah Arendt, philosophe américaine d'origine juive, fait le récit du procès en Israël du fonctionnaire du IIIe Reich Adolf Eichmann. Sa thèse, qui banalisait la personnalité du criminel de guerre, fit scandale à sa parution.

I. IDÉOLOGIES

1. La tyrannie du court terme

1. Entretien avec l'auteure.

2. Chiffres issus du rapport *CAC 40 : le véritable bilan annuel 2019*, publié par l'Observatoire des multinationales, une antenne du *pure player* de gauche Basta !.

2. Ainsi parlent les grands patrons

1. Entretien du 16 décembre 2019.

2. Le conseil de surveillance d'une entreprise est composé d'actionnaires élus par l'assemblée générale, dont la fonction est de contrôler les actes du directoire.

3. Le conseil d'administration est l'organe de direction d'une entreprise. Il a pour mission de définir sa stratégie. Dans les sociétés cotées en Bourse, les administrateurs sont nommés par les actionnaires.

4. Oxfam est une organisation internationale de développement qui se donne pour objectif de mobiliser les citoyens contre la pauvreté dans le monde.

5. Jérôme Lefilliâtre, « Rapport Oxfam. Les salaires des patrons indexés à la Bourse, une mauvaise affaire pour le climat », *Libération*, 27 avril 2021.

6. Entretien avec l'auteure.

7. Chiffre issu du rapport *CAC 40 : le véritable bilan annuel 2019*, *op. cit.*

8. Bertille Bayart, « Il faut un “fou du roi” à chaque patron », *Le Figaro*, 19 mars 2021.

9. Entretien avec l'auteure.

10. Warren Buffett a prononcé cette phrase en 1998.

11. Propos tenus dans une visioconférence organisée par *Challenges* en décembre 2020.

12. Propos écrits dans un rapport d'IBM en 2019.

13. Cyril de Quéral est également le vice-président du mouvement des Entrepreneurs et dirigeants chrétiens, qui rassemble en France 3 200 patrons.

14. Voir Violaine des Courières, « Cyril de Quéral, la bonne santé des salariés d'abord », *La Vie*, 17 octobre 2018.

15. Ancien président-directeur général de Michelin de 2012 à 2019, Jean-Dominique Senard a pris la tête de Renault en janvier 2019, puis de l'alliance Renault-Nissan-Mitsubishi deux mois plus tard.

16. L'IASB est un organisme international chargé de l'élaboration des normes comptables internationales.

3. Au revoir, les maillons faibles !

1. Jacques Attali, « Le maillon faible », *L'Express*, 2001.
2. « Claude Chabrol, infatigable télévore et fan du *"Maillon faible"* », propos recueillis par Francis Cornu et Lorraine Rossignol, *Le Monde*, 12 septembre 2010.
3. Sylvain Niel, « Qu'est-ce que le "ranking" ? », lesechos.fr, 2 mars 2010.
4. Entretien avec l'auteure.
5. Voir « Qu'est-ce que le "ranking" ? », art. cit.
6. Kurt Eichenwald, « Microsoft's lost decade », *Vanity Fair*, août 2012. Traduction par l'auteure.
7. « Les dérives de l'évaluation », CFDT Cadres, 13 juin 2012.
8. Le Cherche Midi, 2018.
9. Entretien avec l'auteure. Didier Bille a également témoigné sur ces pratiques dans un article de France Inter : « Sous-notation forcée : un DRH témoigne à visage découvert », propos recueillis par Laetitia Cherel, mars 2018.
10. Arrêt de la Cour de cassation, 27 mars 2013, n° 11-26.539.
11. Enquête révélée par France Culture et France Inter en 2017.
12. Entretien avec l'auteure.
13. Entretien avec l'auteure.
14. Entretien avec l'auteure.
15. Entretien avec l'auteure.
16. Entretien avec l'auteure.
17. « PIP... PAP... BOUM... (Saison 8) », CFDT Cadres d'Oracle France, blogspot.com, 5 janvier 2017.
18. Agnès Hauenstein, « Plan d'amélioration des performances du salarié : outil de harcèlement ou de licenciement ? », Miroir social, 17 mars 2021.
19. Entretien avec l'auteure.
20. Nous avons écouté un enregistrement de cette conversation téléphonique entre Didier Bille et la dirigeante de Kantar France.

21. Entretien avec l'auteure

22. Marie Toulgoat, « Révélation. Chez L'Oréal, des managers lanceurs d'alerte mis à la porte », *L'Humanité*, 8 novembre 2021. Contactée par *L'Humanité*, la direction de L'Oréal n'a pas souhaité s'exprimer.

23. Courrier de droit de réponse envoyé par la direction de L'Oréal au journal *Libération*, cité dans l'article de Renaud Lecadre, « Chez l'Oréal, le licenciement de quatre cadres met le feu aux poudres », 12 octobre 2022. Parmi les salariés « mis à la porte », quatre ont saisi les Prud'hommes. La première audience s'est tenue le 12 octobre 2022. À leur demande, l'affaire a été renvoyée à une audience ultérieure.

24. Entretien avec l'auteure.

25. Kévin Milin, « CDD, CDI : comment évoluent les embauches et les ruptures depuis 25 ans ? », *Dares Analyses*, n° 26, 21 juin 2018.

4. L'obsolescence des compétences

1. La « nouvelle économie » désigne l'économie numérique, qui a émergé avec l'essor des technologies informatiques.

2. Le *« lean management »* est une approche managériale américaine, qui date des années 1990 et s'inspire des méthodes de l'entreprise japonaise Toyota. Elle prétend éliminer les gaspillages.

3. Ursula Huws, *Labor in the Global Digital Economy. The Cybertariat Comes of Age*, Monthly Review Press, 2014, p. 75. Traduction par l'auteure.

4. Voir Alexandre Georgieff et Raphaela Hyee, « Artificial intelligence and employment. New cross-country evidence », OECD iLibrary, 15 décembre 2021.

5. Cléo Adonel, « L'agilité cognitive dans l'organisation : à quoi cela sert-il ? », Moodwork, 3 septembre 2020.

6. Yolande Solé, « *Lean management* et organisations agiles », CFDT, 24 janvier 2018.

7. Voir « L'entreprise apprenante : bâtir un monde augmenté », note de EBG et IBM, 2019-2020.

8. *Ibid.*

9. Entretien avec l'auteure.

5. L'employeur-psychologue

1. Voir David J. Deming, « The growing importance of social skills in the labor market », *The Quarterly Journal of Economics*, n° 132 (4), 2017, p. 1593-1640.

2. Cité par Alice Raybaud, « Pour les jeunes, des discriminations à l'emploi décuplées en temps de crise », *Le Monde*, 9 février 2021.

3. Entretien avec l'auteure.

4. Entretien avec l'auteure.

5. Entretien avec l'auteure.

6. Voir Frédéric Sergeur, « Des salariés de Vinci Autoroutes fichés par leur employeur ? », *Capital*, 6 février 2020.

7. Contactée par *Mediapart*, la directrice nationale des ressources humaines de Vinci Autoroutes, Josiane Costantino, dément. La responsable des ressources humaines du secteur Centre-Auvergne ne répond pas. Contacté par l'auteure, Vinci Autoroutes n'a pas souhaité commenter cette information.

8. Mireille Rossi, « Fichage chez Leroy Merlin : la CGT porte plainte », *Le Dauphiné libéré*, 23 novembre 2017.

9. Grégory Plesse, « Saint-Lazare : ces agents SNCF traités de "racaille bas de plafond" », *Le Parisien*, 28 novembre 2016.

10. Voir Michaël Hajdenberg, « Fichage de ses salariés : France Télévisions condamné », Mediapart, 20 décembre 2018.

11. Entretien avec l'auteure.

12. Entretien avec l'auteure.

13. Selon la Direction de la recherche, des études, de l'évaluation et des statistiques (Drees), le marché pharmaceutique en France a été multiplié par trois entre 1990 et 2017.

14. « Rapport au travail et état psychologique des salariés français post-crise : quelles attentes, quelles solutions ? », Empreinte Humaine, 9 mars 2022.

15. « Les salariés et les *soft skills* », enquête d'OpinionWay pour Dropbox auprès d'un millier de salariés en France, mars 2020.

16. « Hogan Development Survey : le côté obscur de la personnalité », hoganassessments.eu.fr.

17. Voir Steven Poole, « The Stress Test by Ian Robertson review. Why pressure is good for you », *The Guardian*, 13 juillet 2016.

18. Voir Alexandre Pachulski, *Unique(s). Et si la clé du monde de demain, c'était nous ?*, E/P/A, 2018.

19. Thomas Motti, « Le recrutement des profils HPI », 27 juin 2022 (getpro.co/hpi).

20. Franca Salis-Madinier est également vice-présidente du groupe Travailleurs au Comité économique et social européen.

21. Eyrolles, 2022.

22. Elvis Gonzalez, « Les hauts potentiels… qui sont-ils ? », M&BD Consulting, 8 juillet 2013.

23. Yves Le Bihan, « Le leader de demain devra combiner intelligences émotionnelle, artificielle et collective », 26 février 2019, *Harvard Business Review France*.

24. Mirabelle Belloir, « Design thinking, méthodes agiles, incubateur… L'Oréal adopte les méthodes de travail de la high-tech », *LSA*, 5 juin 2019.

25. Entretien avec l'auteure.

26. Voir François Miguet, « L'impitoyable parcours de sélection des "bébés l'Oréal" », *Capital*, 26 juillet 2021.

27. Entretien avec l'auteure.

6. DRH : responsables ou coupables ?

1. Entretien avec l'auteure.

2. Entretien avec l'auteure.

7. L'infantilisation organisée

1. Voir Marion Perroud, « Amazon France certifié "Top employer", vraiment ? », *Challenges*, 7 février 2020.

2. Corinne Goblot, cheffe d'entreprise Officepro, « Le petit chaperon des ventes sur la route des trolls », LinkedIn, février 2020.

3. « Bonheur, sens du travail et raison d'être : le regard des salariés français sur l'entreprise », sondage Ifop, 21 janvier 2020.

4. Emi Nietfeld, « After working at Google, I'll never let myself love a job again », *The New York Times*, 7 avril 2021.
5. Entretien avec l'auteure.
6. Entretien avec l'auteure.

8. McKinsey, ou le comité central du modialisme

1. Benjamin Polle, « Enquête – Danone : l'atout McKinsey d'Emmanuel Faber n'aura pas suffi », 7 mai 2021.
2. Entretien avec l'auteure.
3. Étienne Girard, Franck Dedieu, Laurence Dequay et Natacha Polony, « McKinsey, le cabinet qui dirige le monde (et la vaccination en France) », *Marianne*, 15 janvier 2021.
4. Entretien avec l'auteure.
5. Johann Chapoutot, *Libres d'obéir. Le management, du nazisme à aujourd'hui*, Gallimard, NRF Essais, 2020.
6. Une synthèse des tables rondes organisées par l'académie interne de formation et le cabinet Orga Consultants.

9. La langue, instrument de pouvoir

1. Entretien avec l'auteure.
2. George Orwell, *1984*, Gallimard, « Folio plus », traduction d'Amélie Audiberti, p. 69.
3. « Procès France Télécom. Les audiences relatées par *J.L.O.*, membre du réseau Souffrance & Travail ».
4. Victor Castanet, *Les Fossoyeurs. Révélations sur le système qui maltraite nos aînés*, Fayard, 2022.
5. Alice Develey et Félicie de Terves, « Hélène Carrère d'Encausse : "Nous sommes à un point critique" », entretien, *Le Figaro*, 14 février 2022.

10. Contrer l'hégémonie anglo-saxonne

1. Seuil, 1991.
2. Jean-Louis Guigou, « Le capitalisme rhénan, ce modèle », *Les Échos*, 31 janvier 2012.

3. AGF : Assurances générales de France, société anonyme nationalisée après la Seconde Guerre mondiale et rachetée en 2007 par Allianz.

4. Odile Benyahia-Kouider et Hervé Nathan, « Le capitalisme rhénan, c'est la division du pouvoir », *Libération*, 4 février 2002.

5. Entretien avec l'auteure.

6. Yves Perrier et Jean-Dominique Senard, « Le capitalisme responsable, une chance pour l'Europe », Institut Montaigne, septembre 2020.

7. Propos recueillis par Yann Le Galès, « Les leçons du capitalisme rhénan », *Le Figaro*, 25 janvier 2010.

8. *Ibid.*

9. *Ibid.*

10. Jean-Louis Guigou, « Le capitalisme rhénan, ce modèle », art. cit.

11. « Capitalisme rhénan contre capitalisme chinois », interview du directeur délégué de la rédaction des *Échos*, France Inter, 28 octobre 2016.

II. PATHOLOGIES

11. « La confiance n'exclut pas le contrôle »

1. Citation attribuée à Lénine.

2. Enquête publiée par l'auteure dans *Marianne*, « Boîtiers de "distanciation sociale" et logiciels de surveillance : des salariés en liberté surveillée », 7 mars 2021.

3. Entretien avec l'auteure.

4. Violaine des Courières, « Boîtiers de "distanciation sociale" et logiciels de surveillance », art. cit.

5. *Ibid.*

6. *Ibid.*

7. Entretien avec l'auteure.

8. Entretien avec l'auteure.

9. Voir Maurice Midena, « Ruffin et *"Fakir"* espionnés, comment LVMH s'évite un procès… grâce à un arbitrage à l'américaine », *Arrêt sur images*, 2 juin 2022.

10. Entretien avec l'auteure.

12. Chez les administrateurs, l'entre-soi

1. Éditions de Minuit, 1989.

2. Emmanuel Botta et Béatrice Mathieu, « Emmanuel Faber : “La nature du dialogue entre la finance et les entreprises va évoluer” », entretien, *L'Express*, 3 octobre 2021.

3. Laurence Boisseau, « La lente métamorphose des conseils d'administration du CAC 40 », *Les Échos*, 24 septembre 2019.

4. Entretien avec l'auteure.

5. Entretien avec l'auteure.

6. Entretien avec l'auteure.

7. RSE : Responsabilité sociale (ou sociétale) des entreprises.

8. Fayard, 2019.

9. Voir Marc Baudriller et Gilles Fontaine, « Lagardère : Macron préfère Bernard Arnault à Vincent Bolloré », *Challenges*, 26 octobre 2020.

10. Voir Sandrine Cassini, « Entre Lagardère et Amber, rien ne va plus, les jeux sont (presque) faits », *Le Monde*, 4 mai 2020.

11. Entretien avec l'auteure.

1. Marie Pezé a créé la première consultation « Souffrance et Travail » en 1997 au Centre d'accueil et de soins hospitaliers de Nanterre. Il en existe actuellement près de deux cents dans l'ensemble de l'Hexagone.

13. Le piège de la loyauté

2. Entretien avec l'auteure.

3. Entretien avec l'auteure.

4. En 2013, le tribunal des affaires de sécurité sociale (Tass) de Rennes a reconnu comme « accident du travail » le suicide d'une cadre du groupe de défense et d'aéronautique Thales Microelectronics. Le groupe a fait appel. Mais la cour d'appel a confirmé cette décision en 2019.

5. Didier Lombard a prononcé cette phrase le 20 octobre 2006 devant l'Association des cadres supérieurs et dirigeants (ACSED) de France Télécom. Lors du procès de l'entreprise du numérique, en 2019, le P-DG a exprimé ses regrets pour ses propos, qu'il a qualifiés de « phrase idiote », d'« erreur » et de « gaffe ».

6. Les neurosciences, par exemple, sont de plus en plus utilisées dans des évaluations comportementales pour le recrutement ou le management des salariés.

7. La notion de *mobbing* désigne un phénomène de harcèlement psychologique collectif. Eve Seguin, docteure en sciences politiques et sociales et auteure de *Mobbing ou l'extermination concertée d'une cible humaine*, définit le *mobbing* comme une *« pathologie organisationnelle »*.

8. Entretien avec l'auteure.

9. Le RGPD stipule que les individus doivent conserver la maîtrise des données qui les concernent. Cela suppose qu'ils soient clairement informés de l'utilisation qui sera faite de leurs données dès leur collecte. Les données ne peuvent en aucun cas être collectées à leur insu.

10. Entretien avec l'auteure.

11. Entretien avec l'auteure.

12. « Bonheur, sens du travail et raison d'être : le regard des salariés français sur l'entreprise », sondage de l'Ifop, art. cit.

13. Entretien avec l'auteure.

14. Entretien avec l'auteure.

14. L'entreprise se veut… exemplaire !

1. Entretien avec l'auteure.

2. Voir Violaine des Courières, « Suicides et harcèlement : à Danone, les drames de la "feel good company" », *Marianne*, 8 juillet 2022.

15. Devenir un athlète !

1. Voir https://medef-sport.fr/sport-en-entreprise-2/.

2. « Étude de l'impact économique de l'activité physique et sportive (APS) sur l'entreprise, le salarié et la société civile », septembre 2015.

3. « Sport et entreprise : quelles réponses aux enjeux de ressources humaines ? Bonnes pratiques, témoignages et perspectives », Sporsora, l'association des acteurs de l'économie du sport 20 juillet 2016.

4. « Cour de cassation 23 octobre 2019 / Airbus, "Team booster", épreuve de marcher sur du verre, Faute grave (oui) », CBO / Boulanger Avocats, 16 décembre 2019.

5. Entretien avec l'auteure.

6. Marielle Dumortier, *Le monde du travail est devenu fou !*, Le Cherche Midi, 2020.

7. Vincent Geny, « États-Unis : des salariés Amazon privés de "pause toilette" pour maintenir la cadence », *Marianne*, 26 mars 2021.

8. Gérald Camier, « Blagnac. Teleperformance : désormais il faut envoyer un email pour aller aux toilettes », *La Dépêche*, 22 mars 2016.

9. Anne Vermès et Irène Kmiec-Rousseau, *Influencer comme Gandhi. Comment créer des relations positives et efficaces*, Eyrolles, 2014.

10. Anne Vermès et Guillaume Pigeat, *Fédérer comme Mandela. Comment obtenir adhésion et engagement*, Eyrolles, 2015.

11. « Fédérer comme Mandela », 2015 (www.edenred.fr).

12. « Les 10 qualités d'un vrai leader » (www.michaelpage.fr).

13. « Les collaborateurs, acteurs centraux de la communication d'entreprise », Engie, 25 janvier 2022.

14. Entretien avec l'auteure.

15. Voir Lucile Chevalier, « Ils "tweetent" pour leur employeur », *L'AGEFI Hebdo*, 7 mars 2019.

16. Des évaluations comportementales

1. Chez Danone, la CFE-CGC est, avec la CFDT, le syndicat majoritaire.

2. Entretien avec l'auteure.

3. Voir Violaine des Courières, « Suicides et harcèlement : à Danone, les drames de la “feel good company” », art. cit.

4. Entretien avec l'auteure.

5. Violaine des Courières, « Suicides et harcèlement : à Danone, les drames de la “feel good company” », art. cit.

6. Diana Mayer, Andrew N. Mclean, Peter Sims et Bill George, « Découvrir son leadership authentique », *Harvard Business Review France*, 12 mars 2020.

17. Employés à durée limitée

1. Entretien avec l'auteure.

2. En 2009, il publie un ouvrage : *Dopage et vie quotidienne*, chez Payot.

3. Karim Duval, « Le tuto toxique », vidéo YouTube.

4. GAFAM : acronyme désignant les cinq géants américains de la high-tech : Google, Apple, Facebook, Amazon et Microsoft.

5. Emma Pitzalis, « Burn-out : les résultats des dernières études en imagerie cérébrale », documentation sur le site editions-tissot.fr, 18 juillet 2018.

6. « Épidémie de santé mentale en Europe : Les eurodéputés demandent une action législative à la Commission », communiqué de presse, Syndicat European Trade Union Confederation.

7. Reportage réalisé pour l'hebdomadaire *La Vie*.

8. Belga, « Skeyes condamnée pour discrimination à l'embauche en raison de l'âge », RTBF.be, 3 décembre 2019.

9. « Aux États-Unis, chez Ford, BCG prône le jeunisme », Consultor, 13 octobre 2021.

10. *Ibid.*

11. En octobre 2021, Christoph Schweizer, quarante-huit ans, a pris la succession de Rich Lesser à la tête du BCG.

12. Entretien avec l'auteure.

13. Haute Aurorité de lutte contre les discriminations et pour l'égalité (Halde) / Organisation internationale du travail, « 5e baromètre sur la perception des discriminations au travail : regard croisé salariés du privé et agents de la fonction publique », 25 janvier 2012.

14. *Ibid.*

15. Voir Anne Rodier, « Les entreprises qui se séparent de leurs seniors, une spécificité française », *Le Monde*, 21 mars 2021.

16. David Barroux et Nicolas Barré, « Emmanuel Faber : "Mon éviction de chez Danone relève du théâtre" », *Les Échos*, 10 mai 2021.

17. « Margaux Gilquin : "Aujourd'hui, la vie me sourit de nouveau !" », interview, *France Dimanche*, 23 juin 2018.

18. Margaux Gilquin, *Le Dernier Salaire. Chronique d'une quinqua en fin de droits*, XO, 2016.

19. « Salariés seniors : leur discrimination peut justifier l'exercice d'un droit d'alerte », CFDT, Service juridique, 7 octobre 2020.

20. Cour de cassation, Chambre sociale, pourvois n° 18-24.861 et 18-24.971 du 9 septembre 2020.

21. Chiffres de la Fondation PremUp, association de prévention de la prématurité, avril 2015.

22. Statistiques de l'Insee.

23. « Fort désir d'enfant, fécondité en baisse. Que se passe-t-il ? », étude 2020 de l'Unaf.

24. Jacques Toubon a alors été remplacé par la présidente d'ATD Quart Monde, Claire Hédon.

25. « Quand la politique d'entreprise "Joie de vivre" d'Eurostar piège une de ses "étoiles" jusqu'à la dépression et au licenciement », communiqué de presse, 15 février 2022.

26. Renaud Lecadre, « L'Oréal mis en cause pour discrimination sexuelle », *Libération*, 28 janvier 2019.

27. Entretien avec l'auteure.

28. Entretien avec l'auteure.

29. Entretien avec l'auteure.

18. Les businessmen du bien-être

1. Étude publiée par La Financière de l'Échiquier, une société de gestion française, en juin 2020.

2. Bastien Bouchaud, « L'AMF lance une offensive contre le "greenwashing" », *Les Échos*, 12 mars 2020.

3. Voir Jasper Jolly, « BlackRock to advise EU on environmental rules for banks », *The Guardian*, 12 avril 2020.

4. Andrew Ross Sorkin, « BlackRock C.E.O. Larry Fink: Climate Crisis Will reshape Finance », *The New York Times*, 14 janvier 2020.

5. Voir « La conversion de BlackRock à la finance verte ne convainc pas », revue de presse internationale de Camille Magnard, France Culture, 15 janvier 2020.

6. « L'exemplaire programme "Green portfolio" de KKR », *La Tribune*, 22 décembre 2010.

7. Voir Margot Vermeylen et Olivier Petitjean, « Danone : le patron s'en va, les dividendes restent », multinationales.org, 29 avril 2021.

8. « Danone adopte une organisation plus locale et vise une marge de plus de 15 % en 2022 », *Investir – Les Échos*, 23 novembre 2020.

9. Laurence Dequay, « Responsabilité sociale d'entreprise : ce sont ceux qui en parlent le moins… », *Marianne*, 3 avril 2021.

19. Chiffrer la santé

1. Le label américain B Corp est attribué par l'ONG B Lab. Il séduit des entreprises françaises telles que Nespresso, Danone, Michel et Augustin, Blédina.

2. Ces audits sont à différencier des enquêtes de satisfaction, qui, elles, ont pour visée de connaître les besoins des collaborateurs.

3. Contactée, la direction de Goalmap se défend en arguant que cette prise en charge du sommeil et de l'alimentation serait une vraie demande de la part des collaborateurs de ses clients et que les ateliers ne seraient pas obligatoires. S'il y a une mesure des scores, la direction insiste sur le fait qu'il n'y a pas de mesure de la rentabilité accrue à la suite de la mise en place de ces programmes.

4. Voir www.kiplin.com/donnees-sante/.

5. Bertrand Pulman, « Le sport en entreprise, bien plus qu'un service en plus », *Harvard Business Review*, 2 janvier 2019.

6. « Sport en entreprise & bien-être au travail », axaprevention.fr, 2 janvier 2020.

7. Voir Violaine des Courières, « Boîtiers de "distanciation sociale" et logiciels de surveillance », art. cit.

8. Entretien avec l'auteure, dans le cadre d'un article pour *Marianne*.

9. « AXA lance un programme mondial novateur pour la santé et le bien-être de ses collaborateurs », communiqué de presse, 18 novembre 2020.

10. Bernard Jouanjean, « Un nouvel univers de prévention s'offre au médecin de santé du travail », Les Échos, 5 juin 2018 ; https://www.lesechos.fr/idees-debats/cercle/un-nouvel-univers-de-prevention-soffre-au-medecin-de-sante-au-travail-133178.

20. Des salariés atomisés

1. Pierre-Yves Gomez, *L'Esprit malin du capitalisme*, Desclée de Brouwer, 2019, p. 103. L'auteur fait ici allusion à l'ouvrage de Georges Friedmann, *Le Travail en miettes*, Gallimard, 1964.

2. Entretien avec l'auteure

3. Entretien avec l'auteure.

4. Baromètre T4 Empreinte Humaine, « Crise Covid-19 : état psychologique, risques psychosociaux, burn-out des salariés français ».

5. Chiffres publiés par Technologia.

6. Entretien avec l'auteure.

7. Synthèse de l'évaluation des ordonnances du 22 septembre 2017 relatives au dialogue social et aux relations de travail, rapport 2021 du comité d'évaluation, France Stratégie.

8. Camille Harel, « 64 % des Français ont augmenté leurs achats de produits made in France », étude menée par Opinion Way pour l'agence Insign et réalisée du 5 au 12 octobre 2020 auprès de 1 019 Français, site Internet LSA, 8 décembre 2020.

21. La grande désillusion

1. Xavier Paraire, « Plus d'un tiers des CDI sont rompus avant un an », *Dares Analyses*, n° 5, 23 janvier 2015.

2. Tristan Paloc, « Les ruptures conventionnelles en 2021 », *Dares Résultats*, n° 37, 2 août 2022.

3. Sondage de l'Ifop, publié après le premier confinement.

4. Voir Sylvia Di Pasquale, « Où en sont les cadres avec leurs envies de reconversion professionnelle ? », Cadremploi, 24 mars 2021.

5. « Appel à déserter. Remise des diplômes AgroParisTech 2022. Des agros qui bifurquent », vidéo YouTube.

6. Eva Mignot, « Les Cafés Joyeux adaptent leur management aux travailleurs handicapés », *Les Échos Entrepreneurs*, 10 avril 2018.

7. Entretien avec l'auteure pour un portrait paru dans *La Vie*.

8. Voir par exemple « Hermès en croissance de 23 % au premier semestre 2022 », *Journal du luxe*, 29 juillet 2022.

9. Sandrine Legrand, « Le made in France a la cote », *Les Échos*, 5 juin 2018.

22. Les bastions qui tiennent encore

1. Voir Claude Barjonet, « Groupe Bouygues : Vincent Bolloré isolé dans son opposition », *Les Échos*, 11 juin 1998.

2. François Lorin, « Hermès est l'entreprise préférée des salariés français », *Ouest-France*, 5 décembre 2018.

3. Voir Julie Le Bolzer, « Les entreprises familiales s'en sont mieux tiré que les autres pendant la crise », interview de Gérard Hirigoyen, président du Centre de recherche sur les entreprises familiales et entrepreneuriales (Crefe), *Les Échos*, 14 juin 2021.

4. Voir Raphaëlle Bacqué et Vanessa Schneider, « Hermès, une famille recomposée face au "loup du cachemire", Bernard Arnault », *Le Monde*, 19 juillet 2022.

5. « CAC 40, le véritable bilan annuel, édition 2019 », art. cit.

Conclusion

1. Aldous Huxley, *Le Meilleur des mondes*, Pocket Jeunesse, traduit par Jules Castier, 1994.

2. *Ibid.*, p. 41.

Remerciements

Alexandre Wickham, mon éditeur, et Patricia Picard, son assistante, chez Albin Michel, merci pour votre confiance et votre patience.

Pascale et Jean-Claude à *La Vie*, pour vos encouragements à me lancer dans cette vaste enquête.

Marie-Estelle, Gérald et Natacha chez *Marianne*, pour votre bienveillance et votre confiance.

Romain, mon mari, qui a fait de multiples sacrifices pour me permettre de boucler cette longue enquête – tu vois qu'elle est enfin terminée !

Sixtine et Gaspard, mes enfants, pour votre joie de vivre, votre enthousiasme à toute épreuve. Quitterie, mon bébé né à la fin de cette enquête, pour ton innocence.

À vous, mes parents, mes frères, mes proches amis pour ces longues conversations, parfois agitées, sur le monde du travail.

À vous, Guillaume, mon frère, pour tes conseils sensés à mi-parcours, Marie, mon amie, pour ta rigueur, Romain encore, mon mari, pour tes questions et relectures toujours si affûtées. Merci pour ce temps que vous m'avez accordé.

Et surtout, merci à vous, les très nombreux salariés, DRH, patrons, anciens dirigeants, syndicats, inspecteurs du travail, avocats qui avez accepté de témoigner à visage découvert ou sous le sceau de l'anonymat, souvent longuement.

Table

Composition : Nord Compo
Impression : CPI Firmin-Didot en décembre 2022
Éditions Albin Michel
22, rue Huyghens, 75014 Paris
www.albin-michel.fr
ISBN : 978-2-226-46075-2
N° d'édition : 24432/01 – N° d'impression : 172324
Dépôt légal : janvier 2023
Imprimé en France